그날을 말하다

동거차도 주민 II

4·16구술증언록 동거차도 주민 제2권

그날을 말하다

동거차도 주민 II

4·16기억저장소 기획 편집
(사) 4·16세월호참사가족협의회 지원 협조

한울

1. 음절로 식별 가능한 소리를 들리는 대로 전사하는 것을 원칙으로 한다.

2. 의미를 파악하기 위해 추가 설명이 필요할 경우 [ ]로 표시한다.

3. 몸짓, 어조 등 비언어적 행위는 ( )로 표시한다.

4. 구술자가 말을 잇지 못해 말줄임표를 사용하는 경우 ……, …로 길고 짧음을 표시한다.

5. 비공개 영역은 〈비공개〉로 표시한다.

6. 비공개해야 하는 희생자 형제자매의 이름은 ○○, △△ 등의 도형기호로, 생존자의 이름은 A, B, C 등 알파
   벳 대문자로 표시한다.

7. 비공개해야 하는 제3자는 직분이나 소속, 성만 공개하고, 이름은 ××로 표시한다. 비공개해야 하는 숫자는
   자릿수에 상관없이 □로 표시하며, 지명은 □□로 표시한다.

책머리에

4·16기억저장소에서는 세월호 참사 5주기를 맞아 구술증언 수집 사업의 결과물 일부를 100권의 책으로 발간하게 되었습니다. 이 사업은 2015년 6월부터 다양한 학문 분야 구술 연구자들의 자발적인 참여로 진행되어 왔으며, 세월호 참사를 좀 더 정확하고 다각적으로 기록하고 기억하고자 하는 노력의 일환으로 수행되었습니다.

2014년 참사 발생 이후, 참사 피해자들의 목격담과 경험은 안타깝게도 공식적인 국가기관과 언론의 기록 속에서 철저히 소외되거나 왜곡되었습니다. 그것은 세월호 참사가 우리에게 안긴 죽음과 고통의 충격만큼이나 우리 사회의 끔찍한 비극이었습니다. 따라서 사업을 진행하면서 세월호 참사 희생자 가족, 생존자, 생존자 가족, 어민, 잠수사, 활동가, 기자 등등, 참사의 초기 과정을 직접 경험한 분들의 증언을 우선적으로 수집했습니다. 구술자는 이 사업의 취

지와 방식에 개인적으로 동의한 분 중에서 선정했으며, 참여 과정에 어떠한 금전적 보상이나 이익이 제공되지 않았습니다. 또한 구술증언 수집 사업을 진행하는 동안, 면담자는 연구자이자 참사를 겪은 공동체 시민으로서 최대한 윤리적이고자 노력했습니다.

구술자마다 매회 약 2시간씩 3회를 원칙으로 음성 녹취와 영상 촬영을 하는 방식으로 진행되었고, 증언의 일관성을 확보하기 위해 면담자는 큰 틀에서 공통 질문지를 사용했습니다. 공통 질문지의 내용은 참사와 구술자 간의 관계성에 따라 차이가 있지만, 유가족 구술의 경우 1회차 '참사 이전의 삶, 팽목항과 진도에서의 경험, 자녀에 대한 기억'을, 2회차 '참사 이후 투쟁과 공동체 활동 경험'을, 3회차 '참사 이후 개인 및 가족이 경험한 삶의 변화와 깨달음, 자녀의 현재적 의미'를 중심으로 했습니다. 이처럼 증언 내용은 참사 이전에서 시작해 참사 발생 당시의 경험과 이후의 변화 과정까지 폭넓게 수집했고, 면담자는 구술 채록 과정에서 구술자의 발화를 최대한 존중하고자 했으며, 무엇보다 각자의 특수한 경험과 다른 시각을 충실히 반영하고자 했습니다.

이 구술증언록의 발간을 위해, 채록된 음성 자료는 문서로 변환해 구술자와 함께 검토했고, 현재 시점에서 공개할 수 있는 영역과 할 수 없는 영역으로 구별했습니다. 따라서 책에 실린 내용은 모두 구술자로부터 공개를 허락받은 부분입니다. 비공개 영역은 추후 구술자의 동의를 받아 적절한 절차를 거쳐 추가로 공개될 수 있으리라 생각합니다.

이 구술증언록 100권에는 그동안 우리 사회에 왜곡되어 알려지거나 잘 알려지지 않았던, 참사 발생 직후 팽목항과 진도 혹은 바다에서의 초기 상황에 관한 중요한 증언이 포함되어 있습니다. 또한, 자녀를 잃는 잔인하고 애통한 상황을 겪으면서도 그 누구보다 강인한 정치적 주체로 성장할 수밖에 없었던 유가족의 마음과 경험을 구체적으로, 그리고 여러 각도에서 살펴볼 수 있습니다. 그 외에도, 이 구술증언록은 2014년을 전후한 한국 사회의 여러 측면을 드러내는 귀중한 자료가 되리라고 생각합니다. 무엇보다 국내외의 많은 분이 이 책을 읽어, 장차 세월호 참사의 진상 규명과 역사 서술에 기여할 수 있기를 바랍니다.

구술증언 수집 사업이 진행되고, 책으로 출간되기까지 많은 분의 도움과 지지가 있었습니다. 이 지면을 빌려 부족하나마 감사의 말씀을 전하고자 합니다.

먼저 (사)4·16세월호참사가족협의회와 4·16기억저장소에 감사를 드립니다. 이분들의 신뢰와 적극적인 협조가 없었다면, 이 사업은 처음부터 시작할 수조차 없었을 것입니다. 또한 어려운 정치 환경 속에서도 사업의 취지에 공감해 재정 지원을 결정해 준 아름다운가게와 역사문제연구소에 감사드립니다. 두 단체 덕분에, 이 사업을 4년 동안 계속해 올 수 있었습니다. 그리고 구술증언록 100권의 발간에 동의하고, 바쁜 일정에도 출판 실무를 기꺼이 맡아주신 한울엠플러스(주)에도 감사를 드립니다. 이 외에도 많은 개인과 단체가 직간접적으로 많은 도움을 주시고 격려해 주셨습니다. 여기에 모두 밝히지 못하는 것을 죄송하게 생각합니다.

　말할 필요도 없이, 가장 크고 또 가슴 아픈 감사는 구술자 한 분한 분께 드리고자 합니다. 이 책이 발간될 수 있었던 것은, 무엇보다 용기를 내어 아픔과 고통의 기억을 다시 떠올리고 장시간 진심으로 이야기를 해주신 구술자가 있었기 때문입니다. 오랜 시간 이야기를 나누며 함께 공감하기도 했지만, 그 아픔과 고통을 어떻게 가늠할 수 있을까 싶습니다. 더 큰 도움이 되지 못함을 안타까워하며, 이 구술증언록 100권의 발간이 피해자분들에게 조금이라도 위로가 될 수 있기를 기원합니다.

2019년 4월

4·16기억저장소 구술팀 책임자
서울대학교 인류학과 교수 이현정

차례

■ 동거차도 주민 이옥영 ■

■ 동거차도 주민 이필교, 임옥순 ■

■ 동거차도 주민 조광원 ■

동거차도 주민 제2권

구술자 이옥영은 동거차도 어민으로, 세월호 참사 발생 며칠 후 닻에 걸린 단원고 학생의 시신을 수습했다. 당시의 충격으로 트라우마에 시달리고 있지만, 세월호 인양을 감시하는 유가족들에게 큰 도움을 주었다. 구술자 이필교·임옥순은 부부로, 각각 동거차교회 목사와 동육리 이장이다. 동거차도에서 유일하게 외지 출신으로 20여 년째 살고 있는 이들은, 정부와 유가족, 마을 주민들 사이에서 유가족들에게 큰 도움이 되지 못한 점을 미안하게 여긴다. 구술자 조광원은 동거차도 어민이다. 과거 오랜 기간 이장을 지낸 그는 두 번에 걸친 동거차도의 기름유출 피해에 대해 현실적으로 대응하고자 한다.

이옥영의 구술 면담은 2017년 3월 26일에 총 1시간 10분 동안 진행되었으며, 면담자는 임광순, 촬영자는 장원아였다. 이필교·임옥순의 구술 면담은 2017년 3월 26일에 총 1시간 40분 동안 진행되었으며, 면담자는 이현정, 촬영자는 강재성이었다. 조광원의 구술 면담은 2017년 3월 26일에 총 1시간 50분 동안 진행되었으며, 면담자는 김익한, 촬영자는 이민이었다.

구술자 본인들의 프라이버시나 제3자의 프라이버시를 보호해야 할 부분을 제외하고는 구술자들의 발화를 있는 그대로 전사했다.

동거차도 주민 이옥영

2017년 3월 26일

1
시작 인사말

면담자　　　본 구술증언은 4·16 사건에 대한 참여자들의 경험과 기억을 기록으로 남김으로써 이후 진상 규명 및 역사 기술에 기여하고자 합니다. 지금부터 이옥영 씨의 증언을 시작하겠습니다. 오늘은 2017년 3월 26일이며, 장소는 동거차도 최순심 씨 자택입니다. 면담자는 임광순이며, 촬영자는 장원아입니다.

2
성장과정과 결혼 및 자녀들

이옥영　　　예. 동거차의 미남 이옥영입니다.

면담자　　　꼭 이렇게 동거차의 미남이라고 적어야겠네요(웃음).

이옥영　　　아, 그래야죠(웃음).

면담자　　　혹시 죄송한데 올해 연세가 어떻게 되세요?

이옥영　　　[19]67년 양띠입니다.

면담자　　　그럼 올해 쉰하나 되셨네요? 원래 동거차도에서 쭉 태어나서 사신 거예요? (이옥영 : 예) 제가 듣기로 어머님과 같이 살고 계시지요?

이옥영　　　예, 어머님하고 둘이요.

면담자   어머님도 원래 동거차 분이세요? (이옥영 : 예) 아버님
도 동거차 분이셔서 섬 안에서 결혼하신 건가요?

이옥영   아버님은 원래는 맹골도[동거차도 인근의 섬]에서… 인
자 "그쪽 할아버지의 할아버지가 귀양 가서 가지고 그쪽에 정착을
했다"고 하시더라고요. 그래 가지고 거기에서 서거차로 와가지고 서
거차에서 이제 아버지를 낳으셨는지 제가 그것까지는 잘 모르겠습
니다만은. 그래 가지고 어머니하고 이렇게 결혼까지 하시고 인자 우
리를 낳으신 것은 동거차로 지금 알고 있거든요.

면담자   그러면 결혼을 두 분이서 먼저 하고 동거차로 오신 거
예요?

이옥영   동거차에서 하신 걸로 지금 알고 있습니다만은.

면담자   동거차도에서 다른 분들께 여쭤보니까 보통 아버님들
은 동거차도에 쭉 사셨고 어머님들이 밖에서 섬으로 시집오신 경우
가 많던데, 다르시네요.

이옥영   그것까지는…. 인자 내가 아는 그 뭣으로서는 그렇다
던데.

면담자   어머님은 동거차 분이시라는 거죠? (이옥영 : 예) 그러
면 외가 어른들이 동거차에 많이 계셨겠네요?

이옥영   그러죠.

면담자   어렸을 때 아버님은 어떤 일을 하셨나요?

이옥영   저요? 우리 아버지요? (면담자 : 예) 글쎄요…. 책밖에 모르는 사람이라고 생각을 하는데.

면담자   아, 어업 일을 주로 하신 게 아니라….

이옥영   예, 책밖에 몰랐으니까, 내가 알기로는. 비가 오나 눈이 오나 그 책을 읽어야…. '마당에 있는 곡식 자체를, 비가 와도 [아버지가] 보고만 있는 거 같다'라는 그런 생각을 들었었으니까, 우리 어렸을 때.

면담자   어머님이 좀 고생을 하셨겠네요.

이옥영   힘드셨죠(웃음).

면담자   그러면 형제분들이 어떻게 되세요?

이옥영   4남 1녀의 둘쨉니다. 위에 형님 있고 나 있고 남동생 있고 여동생 있고 또 남동생 있고.

면담자   다른 형제분들은 지금 다….

이옥영   다 서울에 가 있죠. 서울에 있어도 5분 거리에서 다 살고 있어요.

면담자   형제분들이요? (이옥영 : 예) 서울 어디쯤 사세요?

이옥영   광명시에서 24년간 살다가 경기도 시흥으로 와가지고 거기서 다 살고 있어요, 지금. 벌써 24년, 25년을 살았죠.

면담자   그럼 선장님도 가끔 올라가세요?

이옥영   그러죠, 그냥 일이 없을 때 인자 자식들도 [서울에] 있고 하니까. 내가 자식이 너인데[넷인데], 지금.

면담자   그럼 지금 선장님 자녀분들은 다 어디에 계세요?

이옥영   서울 지금… 바로 밑에 동생 집에 계속 있다가 애들도 크고 하니까 "저희끼리 한번 살아보겠다" 그렇게 얘기해 가지고 지금 안산 상록수역 그 근방에 즈그끼리 인자 집을 얻어갖고 살고 있습니다. 지금 한 4개월 정도 된 거 같아요, 안산으로 옮긴 지는.

(전화 통화로 잠시 중단)

면담자   방금 통화는 누구셨어요?

이옥영   동생이요.

면담자   동생분이 지금 여기 와 계신 거예요?

이옥영   여동생이 평택에서 결혼생활을 하고 사는데, 미역을 한다고 해가지고 3개월 동안 먹을 수 있는 부식을 다 갖고 왔어요. 미역을 이제 채취를 해야 되니까. 그랬는데 어… 이 기름유출 되기 그 전부터 떡이고 뭣이고 모든 먹을 걸 다 장만을 해놨는데 기름유출 됐다고 그러면 그건 누가 다 먹겠어요? 그래 갖고 "그냥 갖고 내려와라. 그냥 먹고 너도 바람 좀 쐬고 올라가게" 그래 갖고 오늘 내려와 가지고. 그 떡을 놔두면 뭐 할 거예요. 그래 갖고 동네 다 나눠주고 하는 게 지금 그런 것이죠. 〈비공개〉

면담자   제가 바닷가 마을을 잘 몰라서요. 선장님이시면 배를 갖고 있으신 거죠? (이옥영 : 예) 그러면 멸치잡이를 하시는 건가요?

이옥영   인자 미역발도 하고 멸치도 하는 그 뭣인데, 음… 그
전에는 멸치가 주업이고 미역발은 부업이었거든. (면담자 : 원래 주
업이) 멸치고, 부업이 인자 미역발이었는데 그게 주업하고 부업하고
이렇게 바뀌친 게… 7, 8년? 멸치가 안 나버리니까.

면담자   멸치 수확량이 줄었어요?

이옥영   예, 그러죠. 확 줄고, 인자 미역 가격이 좋아 버리니까
이렇게 바뀌는 거예요, 지금.

면담자   멸치 수확량은 왜 줄었나요?

이옥영   글쎄요? 수온 때문에도 그런 뭣도 있지 않나 그렇게
생각도 들고. 그 전에는 멸치가 나면은, 7월 중순 정도 되면은 멸치
가 어마어마하게 났거든요.

면담자   서울에서도 남해 멸치 많이 먹으니까요.

이옥영   남해 멸치 먹지 말고 동거차 멸치 먹으시고(웃음). 근
데 맛있어요, 동거차 멸치가. 그런데 이게 그때부터 이렇게 미역하
고, 주업하고 부업하고 바꿔치는 게 그때라고 생각이 드네요, 지금.

면담자   그러면 선장님은 미역은 따로 안 하시고 멸치를 쭉 하
셨던 거죠?

이옥영   같이 했죠.

면담자   둘 다 같이 하셨던 거예요? 그러면 제가 알기로 지금
여기 동거차 1구에 미역 하시는 분이 여섯 집, 2구에 여섯 집인데

1구 여섯 집 중에 한 집이신 거예요?

이옥영　　　그러죠.

3
수색 작업과 시신 수습으로 인한 트라우마

면담자　　　그러면 아버님께서는 유가족분들과 친하게 지내시는 것 같은데 그것 관련해서 먼저 여쭤볼게요. 유가족분들과 어떤 계기로 그렇게 왕래하시게 되었나요?

이옥영　　　예. 어떻게 보면은 그게 아까침에도 인자 얘기했다시피… 세월호 참사 때 인자 수색 뭐 하고, 수색 작업을 하는 도중에 음… 우리 지성이라는 그….

면담자　　　문지성 학생 말씀하시는 거죠?

이옥영　　　예. 4월 16일에 해가지고[참사가 나고] 14일 만에 우리 지성이라는 그 조카를 그냥… 우연하게… 이렇게 건지게 됐습니다. 그래 가지고 그 형님하고, 지성이 아버님하고 인연이 됐죠. 그 형님이 하는 소리가 "너는 내 동생 해라" (면담자 : 그 형님이?) 문지성이 아버지. 그 형님이 "옥영이 너는 내 동생 해라. 우리 의형제다" 인자 그렇게 얘기하시더라고. 그래 가지고 "예, 형님 그럽시다"라고 했는데, 어… 그리고 나서 얼마 안 돼가지고 세월호 [인양 감시] 천막 짓으러 오는 그런 뭣도 있고 하는데 그 형님의 그… 나하고 그런 뭐가 있어 가지고 그랬는지 어쨌는지 모르겠지만은, 우연하게 오는 사람마다 집을 오더라고요.

면담자   그때도 유가족분들이 댁에서 묵어갔던 거예요?

이옥영   묵어가고… 뭐 거의 묵어가는 그 뭐가 많이 있었죠. 그래 가지고 한 사람, 두 사람 왔다가 또 가고, 또 다른 사람 오다 보니까…. 너무나 안타까운 마음에 '내가 더 잘해줘야 쓰겠다'란 그 생각이 들더라고요. 내가 힘들어도 나는 조금만 더 참고 '아무리 내가 힘들어도 자식을 잃은 저 부모들 마음만큼 아프진 않을 것 아니냐' 그래서 그냥 묵묵히 그냥 [유가족이] 오면은 온가 비다[왔나 보다], 가면은 간가 비다[갔나 보다], 그냥…. 어떻게 보면 간이역, 그 역할을 한 것뿐이죠. 산에 그 베이스캠프 있잖아요. 거기 올라갔다 내려갔다 짐을 갖고 오면은 우리 집에 놓고 필요한 물건만 갖고 가고, 또 내려왔다가 또 필요한 물건 갖고 올라가고. 간이역 역할을 하는 것뿐인데… 그렇게 돼가지고 인연이 된 거죠, 지금.

면담자   그렇게 하신 지가 햇수로 3년이 되었어요.

이옥영   글쎄 말입니다, 벌써 그렇게 됐는지. 그러니까 내 나이도 3살 더 묵어갔네요(웃음).

면담자   세월호가 침몰했을 때 동거차도에서도 배들이 많이 나갔었나요?

이옥영   다 나갔죠.

면담자   그때 동거차도에는 배가 몇 척 정도 있었나요?

이옥영 그때 당시에도 한 7척… 정도는 됐을 겁니다.

면담자 1구에서 7척인가요? 아니면 1, 2구에 합쳐 7척인가요?

이옥영 1구만 7척이요. 2구는 더 될 겁니다.

면담자 원래 2구가 배가 더 많나요?

이옥영 그 전에는 1구가 17척, 18척이 됐었어요. 미역밭도 하고, 멸치도 하고 했는데, 정부에서 감척을 한다는 그 제도가 있었어요.

면담자 배들을요?

이옥영 배들을 감척을 시키면은 거기에 대한 보상을 정부에서 해주는 그 뭐가 있었어요. 그래 갖고 나이 드신 분들이 많이 감척을 했죠. 그래 가지고 이렇게 7척이라는 적은 배가 아직까지 뭣을[조업을] 하고 있죠, 지금.

면담자 선장님은 혹시 4월 16일에 나가신 건가요? 아니면 며칠 더 있다가 나가신 건가요?

이옥영 4월 16일 날 다 나갔죠. 4월 16일 날 다 나가고… 그러고 나서 인자 그 16일, 17일도 계속 이렇게 나갔죠.

면담자 그때 "해경이 세월호에 접근을 못 하게 했다"고 들었는데, 정말 어선들을 접근하지 못하게 그랬었나요?

이옥영 (웃으며) 나 아니고 다른 사람한테 들었죠? 그럼 거기에 똑같은 그 얘기라고 하면 되겠죠.

면담자 저희는 서울에서 기사로만 봐가지고 그게 어떤 상황인지 정확히 잘 몰라요. 그리고 그날 배를 몰고 나가셨다는 분을 직접 뵌 건 선장님이 처음이고요.

이옥영   그때 배들 인자 다 나가고, 그때 당시에 아주 컵라면이 바다에 가득 찼더라고요. 컵라면이, 육개장 그 일회용 용기가 바다에.

면담자   그게 배에서 쏟아져 나온 거죠?

이옥영   예. 그게 걸어 다닐 수 있는 만큼 이렇게 있었어요, 사방에가. 내가 제일 늦게 나갔거든요. 가는데 누군가가 전화 와가지고 "야! 다 생존됐다"고 전화가 오더라고요. "그래 알았어. 나는 라면이나 건질란다" 하고 쪽바지[사둘]로 라면을 막 신나게 건졌어, 물이 안 들어가니까. 그래 갖고 엄청나게 올렸어. 근데 다른 사람들도 그 라면을 건져갖고 안주해 갖고 술을 먹었어. "학생들을 다 건졌다"고 하니까.

면담자   어차피 다 구했다니까 '잘됐다' 싶으셨던 거죠?

이옥영   그러죠, 배는 이미 넘어 가라앉은 거지만 "애들을 다 건졌다" 하니까. 그래 갖고 좀 있으니까 또 전화 와서 "야! 그게 아니고 하나도 안 건졌단다" 그래 갖고 그 건진 라면 놔두고 혼자 갔는데, 그 라면 퍼내기도 힘들더라고. 쪽바지는 아구지가[아가리가] 이렇게 큰데, 그만큼을 이렇게 건지면 한 10몇 개씩 건져 올라오는데 이것을 땡길라 하니까 그것도 힘들더라고, 아까첨에 배에다 실어놓은 것은. 아무튼 그래 갖고 이제 거기를 가까이 인자 가고 뭐 했는데…

25
•
동거차도 주민 이옥영

이런 얘기는 하기가 좀 그렇네요, 진짜… 힘드는 그런 모습도 보고, 힘드는 모습도 보고….

면담자   어떤 모습을 말씀하시는 건가요?

이옥영   두 사람이 예를 들어서 갔었을 경우에 한 사람이라도 배에다가 이렇게 대고[배를 세월호 옆에 대고] 망치라도 있었으면 유리창을 깨갖고라도, 유리 조각에 조각조각 피투성이가 되는 뭐가[한이] 있었어도 한 사람, 두 사람[은] 더 건질 수 있었을 그런 뭣인데, 그런 뭣을 못 했다는 게……. 지금 새삼 이렇게 말로 하는 게 너무 부끄럽고… 그렇습니다, 지금.

면담자   그때 해경들은 어선을 가까이 못 오게 했었나요?

이옥영   아, 그때 당시에 이렇게 있었는데 해경 배들은 우리 배보다 약간 뒤쪽에 있었어요. 우리들이 한 10미터에서 15미터, 20미터 거기 가깝게 있었으면은 해경 배는 더 뒤쪽에 있었어요, 우리 배 뒤쪽에. 그래 가지고… [해경에서] 방송하는 게 "이 배[세월호가] 만약에 가라앉을 때 적은 배는 그 압력에 빨려 들어갈 수 있으니까 적은 배들은 멀리 피항을 하라"라고 그렇게 방송을 하더라고요(한숨). 나도 배로 한 30년을 넘게 [먹고]사는 뭣인데, 그때 당시에는 그런 생각을 못 했어요. 배가 빨리 가라앉아야 그 회오리 압력에 이렇게 [빨려] 들어갈 수 있지만은, 아무리 큰 물체가 밑에서 이렇게 들어간다 하더래도 이 물체가 [쉽게] 빨려 들어가지는 않을 거라는 그 생각을 못 했다고. 그때 당시에는 비켜나라니깐 그냥 '아, 그런가 부다' 생각하고 이렇게 멀리 나갔죠. 그러는데 그 배가 바로 이렇게 가라앉은 게 아니라 후미부터 이렇게 다 차근차근 이렇게… 배는 그….
아따, 그러지 말고 나 물 좀 주쇼(눈물을 훔침).

면담자　　　(물컵을 건네주며) 말씀하시다가 힘들면은 언제든지 쉬
자고 얘기해 주세요.

이옥영　　　이… 애들… 그 뒷으로 이 동네 사람이 다 정신적인
트라우마가 있으리라고 생각해요. 그런데… 나나 차남표 그 삼촌
은… 더 힘드는 트라우마가 있었죠, 지성이 땀에요[때문에요].

면담자　　　그럼 아이를 직접 올리신 건 두 분밖에 안 계시는 거죠?

이옥영　　　그러죠. 그래 가지고… 그 조카를 올려놓고 내가 이제
한 달 넘게 하루에 한 되씩은 먹었어요, 저 혼자 밤에만(한숨). (면담
자 : 술 말씀이시죠?) 예. 됫병 하나를. 그것도 아무도 모르게 장롱 안
에 이불 속에다 여놓고…. 하루 잠, 1시간 자면 많이 잤어요, 한 달
동안. 그러니까 내가 걸어 다니면은 발이 땅에 닿지 않는, 날라다니
는 그런 사람, 그런 기분이더라고요. 비몽사몽 항시 이렇게….

　　그런 생활을 한 달 동안을 했었는데, 어느 한 순간에 뭐 병원이
라는 그런 데서 조금 "정신적인 그런 힘드는 부분에 대해서 치료 방
법, 약도 준다"고 인자 그러더라고요. 그래 갖고 저가 거기를 갔어
요. 갔는데, 그 약을 주니까 하나를 먹어봤어요. [의사에게] "잠도 오
요? 안 오요?" 하니까 "잠 잘 온다"고 그러더라고. 그놈을 먹고 나
니까 2시간도 안 돼서 몇 시간을 잔지를 몰라요. 또 그다음 날 밤에 술
을 먹고 또 잠이 안 오니까 그 약을 또 먹었어요.

　　근데 가만히 생각하니까 '이게 아니다'는 생각이 딱 들더라고. 내

가 정신적인, 정신병자도 아니고 약으로 인해서 내가 잠을 자야 되고, 로보트[로봇]도 아니고. 그런 생각 들더라고, '내가 술을 먹되 이 약은 안 먹는다'라고 또 술을 먹기 시작했는데 어린애들이, 자식들이 생각이 나더라고. '내가 이렇게 술을 먹고 만약에 아프고 뭣했을 때 내 형제간들이 내 애들을 과연 즈그 자식들처럼 생각을 해줄까?' 안 해주겠죠. 물론 해주겠지만은, '거기에 대한 그 설움은 얼마만큼, 무슨 원망을 들을까? 내가 만약에 죽었을 경우에, 아팠을 경우에' 그 생각이 딱 들더라고. 눈물이 얼마만큼 나는지. 그래 갖고 '이 술을 참자'라고 생각했는데 그게 참어지더라고요. 이틀, 삼일 만에 그게 딱 참어지더라고. 잠을 잘라 하니 또 잠은 또 안 오더라고. 그래도 억지로 잤어요. 억지로 자는데 그게 5분, 10분이야(한숨).

면담자　요즘은 어떻게 주무시는 것은 괜찮으세요?

이옥영　지금도 보통 새벽 2시 정도에 자면은, 더 빨리 잘 때도 있지만, 평상시에 2시. 그리고 7시, 6시 반이면 일어나요.

면담자　참사 전에는 더 많이 주무셨나요?

이옥영　24시간을 잠을 자라 해도 나는 24시간 잠을 자요.

면담자　원래는 잘 주무시는 분인데….

이옥영　예. 24시간 밥 안 먹고도 잠을 자요, 난.

면담자　혹시 그렇게 힘드실 때 정부나 다른 데서 의료지원이라든가 그런 건 없었나요?

이옥영　한두 번 왔었는데, 나는 아까 얘기했다시피 두 번 약

먹고 그 약을 안 먹었어요. 〈비공개〉 [근데] 알고 보니까 나주 정신병원[국립나주병원]이더라고.

면담자   그 약을 준 곳이요?

이옥영   예. 나주 정신병원이더라고, 국립정신병원 거기. 그래 가지고 우리는… 세월호에 힘드는 참사 당해갖고 너무 힘드는데 그럼 이 동네 사람들을 다 정신병원으로 보내는, 지금 그런 정신병자 환자로 취급하는 거 아니요, 응? 누가 그것을, 정신병원에서 여기로 보냈을까… 그게 아쉬울 뿐이고, 거기 누구한테 하소연을 하겠어요 (한숨).

면담자   선장님은 수색 작업을 언제까지 하셨나요?

이옥영   그거는 확실히 기억은 안 되지만은, 어… 11월 중순인가? 그때 이 세월호 수색 작업이 끝나는 뭣이었으니까 그때까지 다녔죠.

면담자   4월부터 11월까지 쭉 다니셨네요?

이옥영   예. 음… 내가 지성이 때문에 조금 그 뭣해 가지고 며칠은 안 댕겼어요.

면담자   지성이 올라오고 나서 며칠은 좀 힘드셔서….

이옥영   예. 그러고 나서는 계속 다녔죠.

면담자   아까 한 달 동안 하루에 1시간도 제대로 못 주무시고 비봉사몽 다녔다고 하셨는데, 그 상태에서도 계속 바다에 나가셨었어요? (이옥영 : 예) 그때 몸이 엄청 힘드셨을 것 같은데 어떻게 계속 나가셨어요?

이옥영   그란데 힘드는지 어쩐지 그런 느낌 자체를 몰랐으니까. 몰랐어요, 힘드는지 어쩐지. 지금 이렇게 나이가 먹어지면은 망가질는지 그것까지는 모르겠지만은 그때 당시에는 젊었다고 하는 그 뭣으로 해서 그랬는지… [그렇게] 했는데. 그런 조금 힘든 삶을 당분간, 며칠이나마 그렇게 살았으니까요.

면담자   그때 배에 동행하신 분들이 계셨어요?

이옥영   있었죠. 금방 그 차남표 삼촌하고, 배에 다니는 또 다른 형님하고.

면담자   날마다 같이? (이옥영 : 그러죠) 또 다른 형님은 어떤 분이신가요?

이옥영   거기는 인자 배를 하다 보면은 선원이 없으니까, 소개소로 인해가지고 사람 이렇게 쓰는….

면담자   그럼 동거차도 분이 아니세요? (이옥영 : 예) 혹시 수색 작업 기간에 바지선 같은 데로 올라가시거나 그러신 적은 없으셨어요?

이옥영   그런 것은 없었어요. 그냥 배로 이렇게 돌아다니다가 오전에 한 3시간, 4시간 돌아다니다가 뭐 11시 몇 분 되면 또 들어왔다 밥 먹고 1시나 2시 되면 또 나갔다가 5시나 되면 또 들어오고.

면담자   11월에 전체 수색이 종료된 이후에는 몸이 아프거나 그러셨던 건 없으셨나요?

이옥영   아직까지 몸이 아프고 그런 것은 아직까진 없어요. 그런데 중간중간에… 저 세월호 유가족들이 계속 여기로 오잖아요. 오고 인자 술도 한잔씩 먹고 뭐 하다 보면은 그때 생각이 문득문득 들어요. 술 한잔 이렇게 먹다가도 술이 어느 정도 취할라 하면 그때 상황이, 지성이 올리고 봤던 그 상황이 막… 어느 한 순간에 이렇게 팍. 이 뭐라 할까? 바늘로 확 쑤시는 그런 뭐가 확 이렇게 와요. 그란데 그게 그러고 나면은 술 마시고 뭣이고 아무것도 먹기도 싫고 그냥…, 그냥 어디론가 돌아다니고 그것을 잊어버려야 와갖고 잠을 잘 수 있는 그 뭐가[증상이] 있었으니까.

4
기름유출 피해와 보상 문제

면담자   네, 그런데 2014년 4월에서 11월까지 수색 작업 때문에 매일 나갔다고 하셨는데, 세월호 참사가 없었다면 원래는 미역 때문에 한창 바쁠 시기였겠네요?

이옥영   그러죠. 이제 미역도 할 철이고 멸치도 할 뭣인데. 그때 당시에 할 수 없는 게, 미역은 이미 기름유출 돼갖고 다 [버리게] 되고, 멸치잡이를 할라고 하는데 어마어마한 배들이 [들어와] 있어가지고 어장 자체가 다 없어져 버렸어요. 그래 가지고 또 못하고. 앞에 그렇게 눈에 뵈는 애들이 있는데 굳이 또 [작업을] 하면은, 무슨 언론도 별놈의 언론들이 다 오고 뭐 하는데, "새끼들 죽고 누구 다 죽었는데 즈그 퍼 묵을라고 어장을 하냐?" 그런 뭐도[말도] 없잖아 있었을 거예요, 이 동네에. 자연산 미역도 있고 톳도 있고 다 있었는데, 아무것도 못 했죠.

면담자　　　그럼 그해 한 해 내내 주민분들은 생계는 어떻게 해결하셨어요? 당장 생활비를 벌 수 없는 상황이었을 텐데요.

이옥영　　　생활비요? (면담자 : 예) 정부에서 해주는 게 87만 3000원인가? 그것으로 끝났어요.

면담자　　　한 번이요? 아니면 여러 달이요?

이옥영　　　한 번이요. 87만 3000원(한숨).

면담자　　　산정이 왜 그렇게 된 건가요?

이옥영　　　모르죠. 그라면은 내가 하나 물어볼게요. (면담자 : 예) 그게 누구 정부였는지, 박근혜 정부잖아요.

면담자　　　맞아요.

이옥영　　　그라면은 박근혜가 탄핵이 안 됐으면 세월호 지금 건졌으리라고 생각하십니까?

면담자　　　아니요.

이옥영　　　아니죠? (면담자 : 예) 탄핵이 되고 10일도 안 돼서 지금 건진 거잖아요. 그 돈을 숨기지 말고, 모든 것의 진실을 밝히고, 우리 힘드는 뭣을 해줬으면 지금 탄핵이 됐겠습니까? 안 됐죠. 숨기는 게 뭣을 얼마만큼 숨길 게 있어서 숨겼냐고(한숨).

면담자   최근에 탄핵을 위한 촛불시위가 있었잖아요. 그때 혹시 목포나 인근에 촛불시위도 가보셨나요?

이옥영   여기서 했어요, 동거차에서.

면담자   아, 동거차도에서도 촛불집회가 있었어요?

이옥영   예, 했었습니다.

면담자   혹시 선장님이 주도하셨어요?

이옥영   아뇨. 정청래 전 의원님하고 거기서 여럿이 왔었어요. 그래 갖고 여기서 촛불시위도 하고 막 그랬습니다.

면담자   그때 주민분들 많이 나오셨나요?

이옥영   주민분들도 몇몇 사람들 와갖고 했죠.

면담자   그럼 그때 발언도 하고 그러셨어요?

이옥영   나는 얘기는 안 하고 2구에 살던 차정록이라는 그 동생이 얘기도 하고 그랬어요.

면담자   그런데 제가 듣기로는 "보상금 중에서도 인건비 등 제경비를 제했다"고 들었거든요.

이옥영   아니요, 거기서는 인건비를 제하는 게 아니에요. 우리가 예를 들어서 1억을 가령 1년 생산[액]으로 잡아봅시다, 1억을. 그랬을 경우에 67프로 제경비를 거기서 빼더라고요. 그 제경비가 우리가 배를 갖고 기름이나, 여자들 인건비나 이런 모든 등등 거기에 [든 비용] 6700만 원을 뺀 거예요. 6700을 뺐을 경우에는 3300만 원이죠? 3300에 대한 거기에 내가 4월부터 11월까지 애들 수색했던 수색비 그게 1400몇십만 원이더라고요. 그거까지 거기서 또 빼더라고요.

면담자　　　정부 보상금에서 수색비를 뺐다는 말씀이신 거죠?

이옥영　　　예, 먼저 그것을 받아먹었으니까 그것을 뺀다, 이거야.

면담자　　　수색비와 보상비가 별개가 되는 것이 아니고….

이옥영　　　그렇게 해줘야 되는데, 그라면 만약에 "이건 느그 원그 보상비에서 수색비를 뺀다"라고 그렇게 얘기를 했으면 우리는 수색 작업을 안 나갔죠.

면담자　　　맞아요, 솔직히 안 나가죠.

이옥영　　　어느 대가리에 총 맞은, 구멍, 빵꾸[펑크] 나지 않은 놈이 그런 또라이 짓거릴 하겠냐고요. 우리는 몰랐으니까. 국무총리나 해수부 장관, 뭐 해경청장 다 와가지고 "걱정하지 마라, 여기는 특별재난구역이니까 모든 것을 다 해주겠다"라고 그렇게 얘기를 했으니까 그거 그냥 믿는 것뿐이었죠.

면담자　　　그러면 배가 없는 분들은 수색을 안 나가신 분들도 계셨겠네요?

이옥영　　　배가 없는 사람 한해서는. 어… 배 있는 사람 선원으로 다닌 사람들은 많이 있었죠. 그 사람들은 인자 같이 동승을 해가지고 배를 갖고 나갔죠.

면담자   보상 관련해서 현재 소송하는 분들도 계시다고 들었
어요.

이옥영   예, 내가 소송했습니다.

면담자   소송한 집이 많이 있나요?

이옥영   1구에서 나 혼자, 2구에서 여섯 명.

면담자   그럼 선장님 같은 경우엔 지금 소송하게 된 이유가 무
엇인가요?

이옥영   너무 억울해서. 내가 1년 동안 벌은 액수가 어마어마
하는데, [보상금이] 700만 원 나왔더라고요, 700만 원, 700만 원.

면담자   그런데 소송 안 하시는 분들도 많잖아요.

이옥영   소송 안 하고 받는 사람들이, 여긴[1구는] 다 받았죠.
그 사람들은 어떠한 생각으로 받았는지 그것까지는 모르겠고. '나는
너무 억울하다' 그래서 나는 소송 거는 거예요.

면담자   혹시 소송에서 법률 자문해 주는 곳이 있나요?

이옥영   지금 변호사 세 분이 지금 하고 있어요.

면담자   그 세 분은 다 개인적으로 산 변호사예요? 아니면 지
원받은 변호삽니까?

이옥영   샀죠. 쫌 그러니까… 세월호 그쪽에서 연결을 해주는

그 뒤으로 해가지고는 [변호사들이] 많은 요구를 안 하더라고요. 그래 갖고 어느 선에서 [우리가] 이렇게 하고, 우리가 만약에 [잘]됐을 경우에는 거기에 대한 보답은 해야 되겠죠.

면담자   "작년 11월에 세종시에 가서 요구도 하셨다"고 주민분들이 그러시더라고요.

이옥영   우린 안 갔습니다.

면담자   그런 건 안 가셨어요? (이옥영 : 예) 혹시 그런 비슷한 걸 하러 가시거나 한 적은 없으신가요?

이옥영   데모하러 가는 그런 뭣은 동거차 이쪽 [1구] 주민들은 많이 안 간 걸로 알고 있습니다.

면담자   마을에서는 밖에 데모하러 가거나 그런 걸 안 좋게 보시나요?

이옥영   음… 글쎄요. 나 같은 경우도 내가 힘들고 내가 보상을 직접적으로 받지 못한 그런 경우에는 촛불집회나 이거 다녔을 겁니다. 나도 다녔을 거예요, 나도.

면담자   사실 지금 또 기름이 새서 분위기가 엄청 어수선하고 힘들잖아요.

이옥영   그러죠. 근데 내일 손해사정인하고 군수 오고 인자 한다 하니까, 한 번쯤 얘기 들어보고 아니면 말고. 좋은 뭐가 되면은 하는 거고. 한 번쯤 내일까지는 좀 기다려볼라고요.

5
유가족들과의 관계

면담자   저희가 마을 분들 몇 분 만나보니까 이번에 또 기름이 유출된 것에 대해서 유가족들한테 억한 마음이 좀 들기도 하는 것 같더라고요. 선장님은 어떻게 생각하시는지요?

이옥영   이거 참… 그러죠. 근데 뭐라고 말을 못 하겠습니다. 물이나 주쇼(웃음).

면담자   (물컵을 건네주며) 유가족분들이 동거차도에 왔다 갔다 할 때 계속 선장님 댁에서 묵으셨잖아요. 그런데 아마 이번에 기름이 또 유출되는 바람에 다른 마을 분들의 유가족들에 대한 마음이 좀 더 안 좋아졌지 않을까요?

이옥영   그 전까지 그렇게까지 그렇게는 안 했어요. 근데 나는 그건 느끼지는 못했거든요, 아직까지. 근데 보는 눈초리는…. '2차까지 [기름유출이] 이렇게 돼버리니까 조금 세월호에 대한 좋지 않는 그 마음은 있었으리라'고 생각은 들기는 들었는데… 확실히 내 귀로 듣지도 않고 [보지를] 못 했으니까 그것까진 잘 모르겠습니다. 근데 그만큼 유가족들도 이렇게 [되기를] 바라지 않는 그런 마음이었는데, 이렇게 기름이 유출이 되니까 어쩔 줄 몰라 하고, 미안해서. 그런… 그런 마음을 한 번쯤… 어느 누군가 헤아려준다면은, 헤아려준다면은 좋았을 것인데 조금 한편으로는 아쉽기도 하고.

면담자   영석 아버님과도 친하시다고 들었는데, 유가족들이 오시면 이런 얘기를 더러 하지 않으셨나요?

이옥영　　　　그냥, 오면은 이런 얘기 안 해요, 그냥. 이런 얘기하면은… 영석이가 혼자 있다가 애지중지 이렇게 키웠는데 죽었잖아요. 근데 저[영석 아버지]는 여기 오면은 아무런 태없이 "형님!" 하고 저 밑에서 인자 불르고, 소리 질르고 오거든요. [나는] "어지간히 소리 쳐질르고 오니라" 하고(웃음). 근데 그 심정은 오죽하겠습니까? 여기 오면은 아무 태를 안 낼라고…. 그 마음을 내가 모르겠어요? 알죠.

면담자　　　　선장님은 힘드시거나 그럴 때는 누구랑 많이 푸세요? 혼자서 술 마시면 더 힘들잖아요.

이옥영　　　　아니요. 혼자 술 마시고 그런 뭣은 아직까지는 없어요. 근데 힘들고 뭣했을 때, 세월호 때문에 힘들은 것은 없죠. 그냥 내 어떠한 그 뭣으로[사정으로] 힘드는 뭣이지, 세월호 뭣에 대한 힘드는 것은 없어요.

면담자　　　　혹시 마을 분들이 선장님께 "왜 굳이 저렇게 유가족들한테 잘해준대?" 이런 식의 얘기를 직접 한 적은 없나요?

이옥영　　　　그죠.

면담자　　　　지금 기름유출로 인해서 마을 전체가 피해 보는 거잖아요. (이옥영 : 그러죠) 근데 그중에서도 이번 일로 가장 힘든 분들이 있다면 어떤 분들이실까요?

이옥영　　　　어떤 한 사람을 딱 찍어서 한 것보다는 전체가 힘들죠. 왜 그러냐 하면은 한 집에, 여섯 사람이 미역[양식장]을 갖고 하지만은 이 동네 사람들이 한 집에 몇 사람, 몇 사람 이렇게 딸려서 생활을 하니까요.

면담자   그럼 혹시 양식장 운영하는 분들이 더 힘들다거나 아니면 일당 받는 분들이 더 힘들다거나 이런 차이는 없을까요?

이옥영   다 힘들겠죠.

면담자   아까 "마을 분들과 유가족들이 서로 마음을 좀 더 헤아려주면 좋겠다"고 하셔서 여쭙는 것입니다만, 혹시 유가족분들이나 마을 분들이 서로 오해하고 있는 점이 좀 있었을까요?

이옥영   그런 것까지는… 내가 아직까지는 그런 것은 못 느껴봤습니다. 근데 그것은… 어느 누군가가, 서로가 다가서지 못하는 그 뭐가 있더라고요. 이 마을 분들이 다가서고 싶어도, 어떠한 얘기를 하고 어떠한 그 뭣을 해야 될지…. 그런 게 조금 안타까운… 안타깝죠, 자식이 죽었으니까. [유가족들과] 그 어떠한 뭣을 하는 그 자체도 조금 그렇고, 유가족들도 나 아닌 다른 집에 가갖고 술 한잔 먹고 뭐 하면은 또 말이 나올까 봐, 자식이 죽었는데 동거차 가갖고 남의 집 가갖고 이렇게 술도 먹고 [그런다고]. 또 뭐가 혹시나 저 서울이나 어디 그런 데서 또 이런 얘기가 들어가면 좋지 않을까 봐 엄청 조심들하고 그랬어요, 유가족들이.

면담자   안산에 자제분들이 계셔서 아마 가보셨을 것 같은데요, (이옥영 : 그렇죠) 거기서 유가족들 모여 계시는 데라든가 분향소도 가보셨어요?

이옥영   분향소도 많이 가봤죠, 많이도 가보고. 음… 자주 이렇게 또 [유가족들을] 만나고. 예를 들어서 왔다고 하면은 "그냥 밥이나 먹자"라고 이렇게 부르는 사람들이 너무 많고. 내가 [올라]가면 가는 것을 여기 유가족들이 계속 와갖고 있잖아요. 좀 이따가 "형님, 서울, 시흥 올라갔다" 그러면 "아, 오늘 저녁 올라갔다" 하면은 바로 오늘 저녁에 바로 전화가 와요, "밥 먹자"고(웃음). 그렇지 않을 경우에는 오늘은 이 사람이, 또 내일은 저 사람이.

면담자   이제 세월호 인양이 성공했는데요. 인양되면 어쨌든 동거차도 앞바다에서 떠날 텐데, 앞으로 어떻게 될 것 같으세요?

이옥영   앞으로 미수습자들 아홉 명, 그 배 안에서 다 찾을 수 있는 게 우선 제 마음이고. 그다음은 유가족들이 진실 규명을 찾고, 어떠한 뭣으로 해서 배가 이렇게 됐는지 그게 잘 밝혀지고 유가족들이 원하는 대로 모든 게 잘됐으면은 좋은데… 그게 정부에서 과연 그게 해줄지 모르겠지마는, 잘되기를 빌어야죠.

면담자   혹시 정권이 바뀌면 진상 규명이 잘될 거라고 보시나요?

이옥영   아니요.

면담자   정권 바뀌어도 어려울 거라고 보시나요?

이옥영   나는 다 똑같다고 생각해요. 지금 박근혜는 안 그랬어요? 대통령 되기 전에 "모든 걸 다 하고 잘하겠다" 했는데 마냥 되니까 이게 뭐예요. 지금 대통령 대선 후보들 잘한다고 뭐 공약 다 세우고 어짜고 하지만은, 한번 돼보십쇼. 한두 번 겪은 것도 아니

동거차도 주민

고. 난 누가 되든 상관 안 해요. 여당이 됐든 야당이 됐든 상관 안 하는데, 서민들한테 잘 살고 잘 할 수 있는 그런 정부가 들어섰으면 좋겠어요.

면담자 　　　　마지막 질문입니다. 여기 동거차도에서 멸치하고 미역 하면서 쭉 사시다가 갑자기 2014년에 세월호가 여기서 침몰하면서 많은 게 바뀌었잖아요. (이옥영 : 그러죠) 아버님 삶에서 4·16이라는 게 어떤 느낌으로 남아 있는지 여쭤봐도 될까요?

이옥영 　　　　글쎄요. 4·16, 4·16…. 4월 16일 날 배가 이렇게 뭣 해 갖고 4·16이 됐겠죠? 그렇게… 생각해야죠. 뭐 더 어떻게 내가 뭣을 뭐라 그래요(한숨).

면담자 　　　　마지막으로 더 남기고 싶은 말씀이 혹시 있으세요?

이옥영 　　　　지금 그 [단원고] 애들이 그때 당시에 한 17살 정도 됐을 나인데, '지금 나이 같으면 스물하나, 스물둘 됐을 거'라고 생각합니다. 근데 그때 당시에 조금 어린아이였지만 지금은 다 성숙해 갖고 있을 것이고, 애들을 키우는 부모로서는 하루하루가 틀리는[다른] 모습을 보는 게 부모의 입장이고 하는데… 세월호로 해서 자식을 잃은 그 부모들 마음은 오죽할까. 남의 자식을 보면은 '내 자식도 지금 저 정도는 되고 더 이뻤을 거인데, 내가 더 이뻐해 주고…' (긴 침묵).

면담자 　　　　구술 면담은 여기까지만 하겠습니다. 괜찮으세요?

이옥영 　　　　예. 얼른 끝내세요.

면담자 　　　　예, 수고하셨습니다.

동거차도 주민 이필교, 임옥순

2017년 3월 26일

1
시작 인사말

면담자　　　본 구술증언은 4·16 사건에 대한 참여자들의 경험과 기억을 기록으로 남김으로써 이후 진상 규명 및 역사 기술에 기여하고자 합니다. 지금부터 이필교, 임옥순 씨의 증언을 시작하겠습니다. 오늘은 2017년 3월 26일이며, 장소는 동거차도 동거차교회입니다. 면담자는 이현정이며, 촬영자는 강재성입니다.

2
동거차도로 입도한 과정

면담자　　　오늘은 동거차도에 살게 된 배경과 여기서의 삶에 대해서 먼저 여쭤볼 거고요. 그다음에는 지금 세월호 인양 과정에 대한 어민분들의 입장과 생각을 여쭤볼 겁니다. 그리고 세 번째는 2014년 4월 16일 당일에 현장을 목격하셨거나 아니면 목격하지 못하고 외지에 계셨더라도 그 경험에 대한 본인의 느낌, 그리고 우리 사회에 대한 생각 등을 여쭐 거예요. 그래서 크게 세 가지에 대한 것을 제가 여쭐 것이고요. 제가 질문을 하면서 목사님이든지 사모님이든지 말씀해 주시는 것에 제가 이어서 추가 질문을 드릴 수도 있고요. 이렇게 진행을 하겠습니다. 첫 번째 질문인데, 두 분은 언제부터 동거차도에 사시게 되었나요?

이필교   [19]95년 12월 17일 날 왔습니다.

면담자   어떻게 해서 오시게 됐는지 설명해 주시겠어요?

이필교   목회자다 보니까 진도에, 고향에서 목회를 하고, 거기서 5년 딱 했어요. 그리고 거기가 고향이니까 사실 힘들었어요, 아버님 모시면서 동생네도 들어와 가지고. 그래서 이제 기도를 잘 해야 되는데, "어디든지 좋사오니" 그렇게 기도를 했어요. 그래 가지고 어떻게 인제 이리 오게 된 거죠. 그런데 여기가 이렇게 열악한 덴지 몰랐어요, 솔직히. 여기를 [답사를] 왔다가 가야 되는데, 시찰장[교회 직분의 일종] 목사님이 못 가게 하시더라고요. 그래서 그냥…. (임옥순 : 답사를 못 하게 한 거죠) 네, 오면은 너무 열악하니까 안 오잖아요. 보일러도 고장 나고, 또 물도 없고, 또 [들어오는데] 3시간 이렇게 걸리고. 그때는 철부도선[차량과 화물을 나르는 철제 선박]이 없었어요. 조그마한 배 그거 타고 다녔는데, 종선해야[배가 닿지 못해 작은 배로 마중을 나감] 되고…. 이런 곳에 대해서 너무 몰랐기 때문에 어떻게 보면 그냥 막 온 거죠. 근데 고생 많이 했어요. 하여튼 그래서 왔다가 지금까지 이렇게 있게 된 거예요.

면담자   네, 그러면 진도에서 목회를 하실 때는 동거차도에 대해서 사실은….

이필교   전혀 몰랐죠. 동거차도가 있는 줄도 몰랐어요.

임옥순   이런 섬이 있는 줄도 몰랐어요(웃음).

이필교   관매도까지만 알았죠, 우리가 이 섬들이. 우리가 조금 이런 데 좀 둔해요, 지리 이런 것에 대해서. 그래 가지고 몇 년 동안 다니면서도 여기가 무슨 섬인가, 지나다니는 섬도 모르겠더라고요.

면담자   그럼 그때 95년도에 들어오셨을 때 여기는 그 이전에도 교회가 있었나요?

이필교   계속 있었죠. 81년도부터 있었어요. (임옥순 : 89년이 아니고?) 네, 81년도부터 있었는데 교회라고는 할 수는 없고, 그냥 가정집 같은 곳에서 했기 때문에. 그래서 84년도에 [문서상으로는] 이렇게 보면은 돼 있더라고요, 인제. 사실은 81년도부터 교회가 있었는데, 문서적으로는 84년도부터 있는 걸로 이렇게 서류가.

면담자   그럼 처음 여기 계셨던 목사님은 원래 여기에서 태어나신 분인가요?

이필교   아니, 아니죠. 그분도 외지 분인데 전도사님이실 때 오셔가지고, 그분이 참 고생 많이 하시고 가셨지. 지금 해남에 계세요.

면담자   그러면 목사님이 여기 들어오실 때는 다른 목사님이 또 계셨나요?

이필교   빈 상태였어요.

면담자   그 전에 목사님은 나가시고요?

이필교   제가 이제 4대쩬데, 2대째 두 번째 오신 그 목사님이 우리 [진도]교회에서 모임이 있었는데 "여기가[동거차교회가] 비었다"고 "집사님들이 기도하고 계신다"고 그래서 "그럼 우리가 가도 될까요?" 그래서 온 거예요.

면담자   그럼 진도에 원래 봉사하시던 교회는 어떻게 했나요?

이필교   우리가 개척을 했어요. 그래 가지고 5년 됐는데 성전 건축해 놓고 딱 1년 있다가 왔어요.

면담자   거기엔 다른 목사님이 오시고요?

이필교   예, 서울에 계신 분이 오셔가지고 하시기로 하고 우리가 여기 오게 됐죠.

면담자   두 분은 그때 이미 결혼을 하셨을 때인가요?

임옥순   그렇죠. 아이도 있었죠. 5살, 6살이었어요, 여기 왔을 때 애기들이.

면담자   (임옥순을 보며) 이장님은 경북 안동 출신이라고 하셨는데 어떻게 진도까지 시집오시게 됐는지 여쭤봐도 될까요?

이필교   아니, 아니. 서울에서 같이 이제 학교 다니면서 이제 졸업을 하고 저는 후배로 들어가 갖고 만난 거죠.

면담자   서울에서 만나셔서 그다음에 다시 전남 진도로 가신 거군요. 그러면 목사님이 목회를 하러 고향 진도로 간다고 할 때 이장님께서 동의를 하셨던 건가요? 사실 목사 사모의 생활이라는 게 굉장히 어려운 일이잖아요.

임옥순   저는 그 당시에, 지금도 그 찬송을 부르지만, "부름 받아 나선 이 몸, 어디든지 가오리다. 아골 골짝 빈 들에도" 그 찬양을 참 많이 불렀기 때문에 그냥 어디든지 주님이 "가라" 해서 그냥 순종

하는 마음으로(웃음).

이필교   순종을 잘해요(웃음).

면담자   그러면 서울에서 학교 다닐 때 만나셨다는 그 학교가 신학교인가요? (이필교 : 예) 그래서 같이 내려오신 거군요. 그럼 전남 진도에 있을 때 "동거차도로 가자"고 목사님이 먼저 말씀을 하셨나요?

임옥순   그랬죠. 그냥 "아멘"이죠, 뭐(웃음).

이필교   안 따라오면 놓고 오잖아요. 그러니까 어쩔 수 없죠 (웃음).

임옥순   실은 참, 하나님 앞에 다 드렸지만은… 사실 [진도에서] 그 교회를 지어갖고 하나님 앞에 드렸지만, 참 타지로 간다는 것이… 거기서 계속 목회를 하는 게 아니고 완전히 교회로 정관 세워갖고 이렇게 다 넘기고 우리는 맨몸으로 여기 [왔어요]. 빚도 좀 있었어요, 그때. 그 상태로 온다는 것이 참 눈물이 좀 납디다(웃음).

면담자   그러면 이장님은 원래 경북 안동에서 태어나셨다가 언제 서울로 올라가셨나요?

임옥순   20살에 직장생활 하다가.

면담자   직장생활 하다가 신학교를 가고 싶은 뜻이 생기셔서 (임옥순 : 예) 그렇게 가셨었던 거군요. 목사님은 그러면 원래 진도에 계셨다가 서울로 올라가신 거고요?

이필교   예.

면담자   목사님께서 "동거차도에 처음 왔을 때 이렇게 열악한
줄 몰랐다"고 하셨는데, 이장님은 여기 처음 오셨을 때 어떠셨어요?

임옥순   이 밑에 집[에 사는 분이] 지금 집사님이 되셨는데, "물
도 없고 이런 지역에 어떻게 살라고 왔냐?"고 그러더라고요. "주민
들이 사는데 우리가 왜 못 살겠어요. 우리도 살 수 있어요" 제가 그
렇게 대답했던 것 같아요.

면담자   그때 아이를 몇 명 데리고 오신 건가요?

임옥순   아이 둘. 5살, 6살.

면담자   아이들을 모두 데리고 여기 오셨군요. 지금 그 아이들
은 어디 있나요?

임옥순   지금 큰애는 목포에서 간호사로 직장 들어갔고요. 둘
째는 군 ROTC[학생군사교육단] 장교로, 결혼했고 27살.

이필교   중위예요. 결혼해 갖고 8월 달에 애 낳아요.

3
외지인으로서 동거차도에서의 삶과 목회

면담자   그래서 이제 두 분만 남으셨네요. 그러면 동거차도에
95년도에 들어오셨다고 했나요? (임옥순 : 예, 12월) 그러면 벌써 (이

필교 : 22년) 22년이 됐네요. 22년의 삶을 물론 간단하게 정리할 수는 없겠지만, 어떠셨어요?

이필교   힘들었죠.

면담자   어떤 점이 힘드셨나요?

이필교   〈비공개〉 우리는 최선을 다해서 섬긴다고 하지마는 여기 사람들이 보실 때는 부족하기 때문에 그러시것죠. 어떤 분은 92센데 그분의 돈을 우리한테 맡기더라고요, [본인] 돌아가시면 장례 치러주라고. 그게 이제 연세가 드셔가지고 지금 서울에 요양원에 계시는데, 우리가 2년 전에 안 되겠길래, [돈을 갖고 있는 게] 마음이 안 편하더라고요. 그래서 그 따님한테 전화드려 가지고 "계좌번호 주라" 그래 가지고 돈을 드려버렸어요. 왜냐면 마음이 안 편한 거예요. 그분은 우리를 믿고 주셨지마는 그분은 돈을 또 안 쓰잖아요, 우리가 이제 시장 봐서 드려야 되고. 돈이라도 조금 쓰면서 이렇게 하시면 되는데 전혀 안 쓰시니까. 그럴려면 우리가 돈 가지고 있을 이유가 없잖아요. 돌아가시면, 만약에 여기서 돌아가신다면 우리 돈으로 그냥 해가지고 [장례] 해드리고 나중에 받게 되면 받는 것이고 못 받게 되면 마는 것이고 그런 것이지. 그래도 [우리에게 믿음을] 가지고 있다는 그 자체, 그래도 고마웠어요.

면담자   그렇죠, 그건 마음을 열었다는 어떤 증거잖아요.

이필교   그분이 [마음을] 열어서 우리한테 이렇게 했다는 게.

임옥순   의지했다는 것이죠.

이필교   그러면서 서울에 계시지마는 지금도 우리 불러가지고, [본인] 돌아가시면 "기독장으로 해줘라" 그렇게 [말씀]하셨거든요.

면담자   그분이 동거차도 주민이시고 지금 서울에 계신 건가요? 92살이시고.

이필교   예, 이제 가실 날이 머지않았으니까 입원을 그렇게 하신 거예요.

면담자   그 따님은 어떠한 반응이었나요?

이필교   좋게 받아들이시더라고. 〈비공개〉

면담자   목사님 생각에 이곳이 섬이라서 좀 다른 특성이 있다고 생각을 하시나요?

이필교   이제 저희들이 어떻게 보면 지금 단독 목회를 7년째 하고 있는데요, 어디나 마찬가지라고 봐야죠. 뭐 도시 목회자들은 "행복하것다. 좋겠다" 그러는데 저번에 제가 이제 강남에서 목회하던 동기, 또 지금 안양에서 하는데도 와가지고 속에 [있는] 얘기를 하는데 참… 우리가 더 행복한 목회를 하고 있더라고, 실상은. [신도가] 크고 몇백 명 돼도 그게 아니더라고. 어디나 세상은 다 그런 것 같더라고, 이제 보니까.

〈비공개〉

면담자   네, 목사님하고는 다르게 또 이장님은 지금 이장을 2년째 하고 계신 건가요? 이장이 2년 단위죠?

임옥순   예예. 15년 4월 달부터 시작했어요.

면담자　　　두 분이 동거차도에 와서 사신 22년이 결코 짧은 기간이 아니지만, 그래도 외지인이었는데도 불구하고 이장님으로 뽑아주신 걸 보면….

임옥순　　　[마음들이] 많이 풀렸죠. 〈비공개〉 4, 5년 전부터는 전도도 되기 시작했고. 얼마나 감사한지 몰라요.

면담자　　　그렇게 변화한 데는 어떤 계기가 있었을까요?

임옥순　　　어떤 전도사님이 "버티는 것이 장땡이다", "인내밖에 없어요" 그러더라고요. 자기들도 "버티게 기도해 주라"고 그러더라고요. 그래서 "맞다"고, 버티시라고. "인내가 제일"이라고. 꾸준하게, 알아주든지 안 알아주든지 그냥 주님이 기억하시면, 우리 그런 찬양 있거든요. "주님이 기억하시면 족하리". 주님 바라보고 버티는 거죠. 〈비공개〉

면담자　　　그러면 동거차도에서 큰 성씨는 무엇인가요?

이필교　　　뭐 김씨, 조씨, 소씨. 최씨 그렇게 되지마는. 이제 그게 또 어떻게 되냐면 여기가 섬이다 보니까, 우리는 그걸 몰랐어요, 다 한식구여요.

임옥순　　　다 사돈에 팔촌에 연결돼 있어요, 거미줄처럼.

이필교　　　그죠. 그렇게 돼버려요. 그것이[동성이] 아니다 할지라도 이 집에서 내가 먹고살아야 되잖아요. 그 전에는 주업이 멸치였어요. 멸치 가지고 막 1억 넘게 하고 그랬거든요. 지금은 이제 그게 줄어들어 가지고, 6분의 1로 줄어든 거죠. 여섯 틀을 하던 사람이 이제 한 틀을 작년에 했으니까 수입이 적어서 그걸 안 할려고 하고, [지금은] 미역 양식. 미역이 옛날에 2만 원, 3만 원 했어요. 근데 그것이 17만 원까지 해버리잖아요, 현재. 몇 배로 오른 거잖아요. 그런데 인건비는 또 싸요. 그러니까 기름도 싸죠, 면세를 쓰니까. 그러니까 인제 바뀌어버린 거예요, 주업이. 그래서 미역 때문에라도 다 연결되어 있는 거죠.

〈비공개〉

면담자 　 지금 동거차 교회에 교인 수는 얼마나 되나요?

이필교 　 〈비공개〉 이제 전도되신 분들이 많아요. 6명, 3명, 3명, 3명. 이렇게 되면 벌써 15명이잖아요.

임옥순 　 꽤 많아요.

이필교 　 [교인이] 24명인데, 작년에만 한 분 더 했죠. 그렇게 5년 동안 셋, 셋, 셋, 여섯, 하나 이렇게 작년까지 그렇게 전도가 됐으니까. 그러죠. 그러면 16명이 이제 전도된 분들이에요, 24명 중에. 그러니께 그런 사람들이 전도가 되면서 우리가 조금 이제, 우리 힘이 조금 어떻게 보면 좀 더 무게중심이 이쪽으로 조금 와가지고? 그래서 이장이 된 거예요.

면담자 　 이제 신뢰를 얻게 되신 거네요.

이필교 　 그러죠.

〈비공개〉

동거차도 주민들의 생산 활동

면담자   원래는 멸치 어업을 하다가 지금 미역으로 바뀌었다
고 했는데, 그게 몇 년도 정도부터 그렇게 바뀌게 되었나요?

이필교   한 10년 됐을 거예요.

면담자   그럼 그 전에는 멸치잡이를 했었다는 거죠?

이필교   지금도 하죠.

임옥순   지금도 해요, 가을에.

이필교   하는데 이제 수입이 적죠. 마이너스였어요, 작년엔.

면담자   왜 작년에는 마이너스였어요?

이필교   왜 마이너스냐면, 옛날에는 허가 없이 다 불법으로 하
잖아요. 그러니까 [멸치를 말리는] 막사 지은 것도 다 불법이잖아요.
그리고 지금은 바다에다가 허가를 사야 돼요, 나라에다가. 그런데
그거를 안 사고 그물만 갖다 넣은 거예요, 대부분 다. 그러니까 한
집에, 그때 우리가 들어올 때 열일곱 집이 여기서 했어요, 이 마을
만. 그러면 한 집에 하나씩 허가가 있다면 [그물을 총] 17대만 넣어야
돼요. 근데 한 집에 6대까지 넣었으니까, 그죠? 세 사람이 그 열일곱
집 할 것을 다 넣어버린 거죠. 그럼 나머진 다 불법이다, 이거예요.
〈비공개〉 만약에 잡다가 걸리면 그 유류카드 뺏기죠, 뭐 이런 벌금
물죠, 그럼 어장 못 하죠, 그런 경우. 연승도 마찬가지고, 주낙이라

고 하는 거. 〈비공개〉 [그 허가권을] 작년부터 한 1000만 원 주고 [사야 해요]. 400만 원 하던 것이 600만 원 하더니, 작년에 1000만 원으로 뛰었어요. (임옥순 : 1500) 이제 1500만 원으로 뛰었어요. 1000만 원 주고 우리 집사님이 샀어요.

면담자   멸치 어업을 할 수 있는 권한을요?

이필교   예, 하나를. 하나밖에 없으니까. 그러면 두 틀을 넣을 수 있잖아요, 그물을. 그래 갖고 또 다른 사람이 1500만 원 주고 샀어요. 그리고 "또 한 틀 산다"더라고, 이번에. 그니까 돈만 투자하고 고기를 또 못 잡게 되면 손해잖아요, 주민들이. 이게 인제 참 힘들어요(한숨).

임옥순   너도 죽고 나도 죽죠.

이필교   그래서 그때부터 하여튼 멸치잡이가 수입이 적게 되니까 지금 사람들이 안 하고, 밖에 나가서 인제… 어떻게 보면 노가다 뛰는 거잖아요, 먹고살아야 되니까.

면담자   미역 어장은 누가 가지고 있는 건가요? 그건 주민들이 가지고 있는 게 아니라 외지 사람이 갖고 있나요? (이필교 : 아니, 아니요) 누가 가지고 있는 건가요?

이필교   우리 동네 하는 사람들이 여섯 사람이에요. 실제적으로 하시는 분들이 여섯 사람인데, 그 사람들이 한 대에 60발인가 그래요. 그러면 한 100미터 정도 잡아야 되죠. 90미터에서 100미터 정도 잡아야 되는데, 길이를. 그거를 갖다 포자를 12월 말인가, 11월 초인가 그럴 때 포자를 사다 [밭에다] 감아요. (임옥순 : 10월) 양옆에 닻을 놓고, 50만 원짜리, 60만 원짜리 닻을 해갖고 거기다 고정을 시켜놓죠. 그리고 가운데다가 뜨게끔 망을 채워요. 그러면 인제 그게 겨울에 잘 무난하게 사고가 안 나면은 잘 자라가지고 지금 [시기에] 이제 채취를 하죠, 3월 말부터 6월 초까지. 그러면 한 대에 한 600만 원어치가 나온다더라고요. 그러면 나중에 기름값, 인건비, 이것저것 다 빼고 나면 수입이 얼마 될랑가 몰라도 그렇게 해서 12대, 13대 이렇게 해요, 한 집에. 그러면 한 대에 600만 원이다 하면 7200만 원이 나오잖아요. 근데 그 전에 많이 한 사람은 1억 넘게도 했었어요. 그렇게 해서 그것[멸치잡이]보다는 낫잖아요, 편하고. 이제 [미역은] 채취만 해다 주면은 할머니들이 널잖아요, 여자분들이. 그럼 한 사람이 하루에 다섯 뭇까지도 널어요. 그러면 다섯 뭇이면 [한 뭇이] 15만 원이면 총 75만 원이잖아요. 거기서 기름값 빼고, 남자 선원하고 여자분들 만약에 [수당을] 10만 원을 준다 그래도 75만 원에서 많이 남잖아요. 그것이 인제 수입이죠.

면담자   네, 그러니까 여기서 어장을 하시는 분도 있고, 아니면 미역을 너는 노동으로 수입을 얻으시는 분도 있네요.

임옥순   예, 다 거기서 먹고살죠.

이필교   예, 그러면 하루에 그 주인이 얼마 품삯을 계산해 주느냐에 따라서 하루 4만 원에서 10만 원까지 [받아요]. 〈비공개〉

면담자   그러면 혹시 예전에 멸치잡이 할 때는 집집마다 인부랑 고용주가 없었나요?

이필교   아니, 그때도 고용주가 있고 인부가 있고 그랬어요. 그 때는 멸치는, 남자 선원은 나중에 계산 다 하고 거기서 몇 프로를 [정해]가지고 나눠 먹어요. 그래 갖고 배, 그다음에 주인, 선원 이런 식으로 해갖고 나눠요, 마지막 다 정리하고. 그리고 15프로를 가지고 여자 인부를 줘요. (임옥순 : 총생산액의 15프로) [예를 들어서] 1000만 원 어치가 상회에서 왔잖아요. 그러면 그 1000만 원에 대해서 150만 원을 이리 먼저 보내줘요. 그러면 그 돈 가지고 여자들만 계산을 먼저 하더라고요. 그리고 나중에 만약에 7000만 원을 했다 그러면 한 번에 주잖아요, 여자들한테 보낸 그 돈 빼고. 그러면 7000만 원에서 한 1500만 원? 뭐 얼마여? 1050만 원인가…. 여튼 그 정도 먼저 [여자들한테] 줬을 것이고, 5950만 원 정도가 있다면 그것 가지고 이제 소금 값, 기름값, 그물값, 이런저런 거 빼고요. 그런 걸 시꼬미[しこみ]라 그러대요? 뭐, 그거 빼고 그다음에 그 돈 가지고 3등분을 하는가, 몇 등분을 하는가 몰라요. 여튼, 뱃삯하고 주인 것.

임옥순   선원 둘, 뱃삯, 주인, 4등분해요. (이필교 : 그래요?) 뱃삯, 주인, 또 선원 둘이잖아, 보통. 한 사람 있는 데는 하나고. 이렇게 [선원 둘이면] 4등분해요.

이필교   보통 그런 식으로 해가지고…

면담자   뱃삯은 배 주인에게 가고요?

임옥순   예, 배 주인에게. 주인이 두 번 먹는 거죠.

면담자   아, 주인이 두 번 먹는 거고. 주인이 거의 50퍼센트를 갖는 거네요.

임옥순   아니요, 뱃삯이 있어야 되니까. 배 한 짓, 배 주인 한 짓, 선원들도 하나하나 이렇게 해서.

이필교   그러네. 그러겠네. 50프로를 주인이 먹고, 50프로 가지고. 그러니까 그때는 1500만 원도 하고, 1000만 원도 하고, 보통 남자 인부는 [수입이] 그렇게 했어요. 여자들은 1억을 하면 1500만 원 가지고 5명을 하면 돈이 얼마 안 되고 두 명이 하면 좀 [되고], 그죠? 750만 원씩 먹고. 여자들도 그렇게 했어요. 근데 여자들이 수입이 더 많은 게 뭐냐면, 멸치 액젓을 해요. 멸치 큰 거 있잖아요, 대멸. 그것은 이제 상품 가치가 없잖아요. 그래서 그놈 갖다가 소금에 절였다가 2년 후에, 만 2년 후에 빼요, 액젓을. 그러면 그게 지금 뭐 40통 하면 거의 한 통에 200만 원? 거기서 이제 소금값하고 통값만 빼면 그게 돈[수입]인 거예요.

면담자   아까 우리 이장님께서도 어업인이라고 말씀하셨는데 그러면 그 일도 같이 하시나요?

이필교   아무것도 안 해요. 아무것도 안 하고, 여름에 뭐만 하냐면, 맨손 작업. (임옥순 : 맨손 작업) 돌미역, 톳 작업. 그것을 사실은 한 열흘 해요. 그러니께 1년에 열흘 작업하고 지금 어업인이라고 하는 거여(웃음).

임옥순   열흘은 넘죠, 목사님? (이필교 : 그래요) 열흘은 넘죠.

이필교   그란데 그것도 실제, 언제는….

면담자	이장님이 직접 말씀해 주세요(웃음).

임옥순　　톳도 하고. 7월 중순부터 8월, 거의 [8월] 10일까지.

이필교　　제가 옛날에 했어요, 집사람은 안 하고. 그란데 제가 허리가 안 좋으니까 인제 바통을. "나는 못 하것다" 그래 가지고.

면담자　　톳하고 돌미역 작업하는 시기가 언제쯤이에요?

임옥순　　봄. 겨울에는 김 뜯어 먹고.

이필교　　그것이 어업이면 나도 그럼 어업인이게?

임옥순　　경영자 등록증 안 왔잖아요, 목사님은(웃음).

이필교　　근데 우리가[에게] 그 전에는 이게 권한이 주어지지 않잖아요. 우리는 못 뜯어 먹어요. 왜냐면 [마을 주민들을] 동편, 서편 해가지고 바다를 나눠요. 갯바위를 나눠가지고, 올해는 동편 하면은 내년에 이쪽 팀이 저쪽 서편을 하고. (임옥순 : 반반 나눠요) 나눠요, 돌아가면서.

면담자　　1구, 2구 같이요?

이필교　　아니, 1구에서만. 또 1구서 저기서 여기까지가 1구 것이고, 나머진 2구 것 이런 식으로 바다를 나눠가지고. 그런데 그런 걸 가지고 요쪽에서도 40가구면은 20가구씩 이렇게 나눠졌을 거 아니에요, 동편, 서편 이래 가지고. 우리가 올해 동편이면 내년에 서편 되는 거예요.

〈비공개〉

면담자　　　동거차도 주민들은 겨울 되면 목포나 진도로 나가서 사신다고 하던데, 목사님이랑 이장님은 왜 안 나가세요? 아무도 없으면은 나가도 되시잖아요?

임옥순　　　할머니 서너 분 계세요.

이필교　　　아니, 여기 어떻게 보면 해적이 나올 수도 없지마는, 아무도 없으면은 와서 멸간장 다 빼 가도 모르잖아요, 그죠? 우리가 어떻게 보면 도적들 지켜주고 있는데(웃음).

〈비공개〉

5

동거차도 주민들 사이의 관계

면담자　　　다른 것도 여쭙겠습니다. 여기 이장님도 계시고 어촌계장님도 계시고, 그렇죠? 그리고 목사님도 계시고요. 마을에 여러 부류의 중요 인물들이 계시는데요.

이필교　　　그라고 노인회장도 있고.

면담자　　　그렇죠, 노인회장도 있고. 보니까 마을자치회인가 이런 것도 있다고 하는 것 같던데요?

이필교　　　없어요.

면담자　　　그건 아니에요?

임옥순   활동 안 해요. 우리 부인회도 지금 활동이 안 되고.

이필교   조직이 있다면은 이장, 그다음에 옛날에 법으로 보면
이 안에 어촌계가 있었어요. "어촌계장을 뽑는다" 이렇게 돼 있거든
요. 근데 이제는 그 어촌계에서 하는 일이 많아요. 왜냐면 수협직불
금이라고 하는 것이 나왔잖아요. 그래 가지고 그게 50만 원이 나오
면 15프로를 어촌계에다가 수협직불금으로 가드만요. 근데 그것은
우리 주민들 개인 돈이 아니고, 그걸 갖다가 동네 이익을 위한 이런
공동… (임옥순 : 공공자금이에요) 공공자금으로 쓸 수 있는 그런 게
있더라고요.

면담자   지금 어촌계장 하시는 분은 미역 어장을 가지고 계신
분인가요?

이필교   미역만 하죠. 옛날에 멸치를 했는데 애기들 교육 땜에
인제 안 한다고 [육지로] 나갔다가 다시 들어온 거예요. 〈비공개〉

면담자   혹시 아이들 둘을 데리고 와서 여기 사시면서, 아이들
을 힘들게 했다는 생각을 해본 적은 없으신가요?

이필교   그런 건 없어요, 그런 건 전혀.

임옥순   그런 건 없어요.

이필교   우리 애들도 잘 커 줬고. 하나님이 또 그렇게 잘 인도
해 주셔서가지고. 지금까지 애들 때문에 속상한 건 없어요.

면담자   동거차도에서 22년이나 계셨는데, 중간에 나가고 싶
었던 적은 없으셨나요?

이필교	아, 나갈라고 짐까지 두 번 쌌어요.
면담자	예전에 계시던 전도사님도 5년 있다 나가셨다면서요?
이필교	무슨 전도사님?
면담자	그 전에 계셨던 전도사님이 5년 있다가 나가셨다고.
이필교	아, 5년 있다 갔대요?
면담자	목사님께서 좀 전에 그렇게 말씀하시지 않았나요?
이필교	아니, 아니. 우리가 저쪽에서 5년 있다 왔죠.
임옥순	[그 전 부임자가] 3년 8개월 있었는가?
이필교	[우리는] 여기서 22년이고.
임옥순	맨 처음에 있던 분이 9년.
이필교	9년. 그다음에 3년 8개월. 그다음에 (임옥순 : 11개월인가?) 11개월.
면담자	세 번째 분은 빨리 나가셨네요.
이필교	예. 그렇게 세 사람이 가고, 그다음에 우리가 지금 22년째 접어드는….
면담자	아무래도 많이 힘드셨을 테니까요.
이필교	긍게 보따리 쌌다니까요.
면담자	(웃으며) 몇 번이나 싸셨어요?

이필교   두 번이요. 이제 개척한다고 한 번, 나중에 남해로 간다고. 〈비공개〉남해로 간다고 다 정리하고 인제 가는 날, 차만 보내주면 가잖아요? 기다리고 있는데 안 와요. 그래서 전화를 해보니까 장로님이 뭐라 하냐면 (임옥순 : 전화가 왔지) "목사님 어디가 편찮으시다면서?" 그래요. 옛날에 제가 아팠어요. 그래서 인자 그것 때매 못 나갔었죠.

면담자   그 교회에서 그러니까 오시라고 모시다가 편찮으시다고 해서 못 오게 한 건가요?

이필교   아니, 아니. 여기 들어와 가지고 그렇게 오래 있었던 이유가, 제가 아팠으니까. 내가 18년 전에 나왔소?

임옥순   2000년도 10월 달부터 완쾌됐어요.

이필교   그렇께, 한 18년 됐잖아요. 그러니까… (임옥순 : 불치병이) 그래서 처음에 왔다가 금방 2, 3년 있으면 다 나가잖아요, 보통 섬 목회자들이. 그런데 그래서 제가 안 나갔어요. "나오라"고 해도 그래서 안 나갔어요, 건강이 여의치 못하니까. 그랬는데 이제 건강해져 갖고 나갈라 하는데, "아프다"고 그렇게 해갖고. 또 소개를 해준 그 목사님 사모가 "고춧가루 뿌려분다"고 그러더니, 농담인 줄 알았어요. 근데 거기다 또 거짓말 쳐부렀더라고요. 그래 가지고 "편찮으시다면서?" 그래서, 아이고… (웃음).

면담자   우리 목사님이 어디가 좀 많이 편찮으셨어요?

이필교   불치병이었다니까.

면담자　　　아, 그래요? 근데 나으신 거예요? (이필교 : 예) 어떻게
나으셨어요?

이필교　　　여기서 기도해서 응답받았지.

임옥순　　　99년도에 응답받고, 2000년도 10월 달부터 완전히 완
쾌됐어요.

면담자　　　무슨 병인지 제가 여쭤봐도 돼요?

이필교　　　아니요. 그래 갖고 소망교회에서 치료비로 100만 원
이 왔어요, 우리가 뭐 아는 것도 아닌데. 그런데 또 그때 원천교회,
서울 연희동, 그 교회에서 애들을 초청해 갖고, 그때 17명 갔는데 또
17군덴가 견학을 시켜줬어요. 판문점, 땅굴, 국회의사당, 남산, 63빌
딩 이런 데 뭐 전부 동서남북 다 갔어요, 청와대까지. 그런데 그때
내가 세브란스 병원 가가지고 사진 찍고 확인했어요. 근데 이게 돈
이, 그 100만 원 온 거 갖고 경비하고 남었죠. (임옥순 : MRI 찍고) 그
러고… 여튼 건강해졌어요.

6
세월호 참사에 대한 생각

면담자　　　동거차도에 대한 이야기는 잘 들었고, 이제 인양과 세
월호에 대한 이야기를 조금 해볼게요. 인양이 갑자기 결정되어서 배
가 다 올라왔는데요, 이런 상황을 보시면서 일단 어떠한 느낌이 드

셨나요? 또 가깝게 유가족들이 계시는 감시초소에 올라가서 보신 적이 있으신가요?

이필교   처음에 올라갔었죠. 이번에는 또 여기… 언론인들 와가지고 정신없고 그래 갖고 못 갔거든요. 그냥 TV에서만 봤거든요.

임옥순   나는 몇 차례 올라갔었어요.

이필교   아니, 이번에. 이번에 못 봤잖아요.

임옥순   아, 이번에는 말고.

이필교   옛날에, 세월호 침몰했을 때 우리가 갔었죠, [가서] 보고. 그런데 이제 이번에는, 박근혜는 그걸 싫어했잖아요. 뉴스도 봐도 그러잖아요. 그라고 최순실이하고 하나잖아요, 어떻게 보면. "[세월호] 리본만 봐도 뭐 어쩐다" 최순실이가 그랬었잖아요. 근데 이 사건이 아니었으면은 박근혜는 지금 계속 [대통령] 할 거 아니에요. 세월호 이것 때문에 지금 박근혜가 탄핵된 거죠. 그것 때문에 문제가 드러났으니까, 들통이 났으니까. 거기[청와대에] 있는 그 사람들은 어떻게 보면 다 알면서도, 우병우나 김기춘이 이런 사람들이, 그죠? 그라고 법조인들 보면, 저는 정말 이해가 안 가요. 너무너무 이해가 안 가요, 그라고 또 친박 그 사람들. 〈비공개〉 지금 이것은[세월호가 인양된 것은] 계산된 뭣도 아닌 것 같고, 지금 볼 때는. 그래도 처음에 착오가 있어 가지고, 그때 뭐여? 재킹 바지선 이걸로 지금 [인양]했잖아요. 그때는 그 뭐여? 공기 부양 이런 식으로 해가지고 한다 했었잖아요.

면담자   공법들이 좀 바뀌었죠.

이필교   예. 그래서 그것이 처음에 계산상 오류가 있어 가지고
그랬을 거 같고[인양 방식을 바꿨을 것 같고]. 바다의 그 상황, 그죠? 그
런 상황들 때문에 그랬을 것도 같고. 지금 이거 못 하면은 또 내년에
해야 되는 이런 입장이잖아요. 그러니까 그렇게 해갖고 3년이 흘렀
을 거 같아요. 그란데 이번에는 이게 잘된 거 같아요. 어떻게 또 세
월호에 딱 맞는 재킹 바지선이 왔고요. 또 그 뭐 잠수선박? (면담자 :
반잠수식 선박) 예, 반잠수선박도 어떻게 딱 양옆에 5미터씩 맞게끔 그
렇게…, 나는 그 사람들이 신기해요. [어떻게] 이런 배가 가라앉을 줄
알고, 누가 이런 것을 누가 만들어놨을까?

면담자   그럼 목사님은 박근혜 대통령이 탄핵 때문에 인양이
진행된 것은….

이필교   [이번에] 올라온 것은 계산적인[된] 것은 아니라는 거
죠. "그 덕에 이렇게 [세월호가] 나왔다"고 사람들이 그러지마는, 우리
도 처음에는 그렇게 생각했어요. 그러나 '그거는 아닌 것 같다', 제
나름대로 생각은 그래요. 그랗게 [그동안은] 하다 보니까 계산이 잘못
돼 갖고 그랬지. 그러고 박근혜는 사실 그랬잖아요. 그거[인양을] 원
하지 않았잖아요. 그거는 또 사실인 거 같고. 우리 애들이 그러대요.
"이거 잠수정이 뭣 했네, 어쨌네" 그런 얘기하더라고요.

면담자   예, 소문들이 많이 있었죠.

이필교   [젊은 사람들은] 인터넷을 보니까. 그런데 지금 [선체를]
보니까 멀쩡하잖아요. 그거는[잠수정 충돌설은] 또 아니고. 우리가,
제가 딱 올라가서 보고 느낀 게 뭐냐면, 이거여, 막 쏠림 현상. 여기

까지 올 리가 없어요, 여기까지. (면담자 : 배가?) 예. 항로가 아니에요. 그런데 이쪽으로 쏙 들어와 있더라고요. 바다니까 그러것지마는 이쪽으로 더 들어와 있는 거예요, 저쪽에 있어야 될 배가. 가는 항로 같으면 [동거차도까지 안 와요]. 그런데 이쪽으로 틀어져 버렸잖아요, 돌아버렸잖아요. 그러니께 이제 화물을 너무 많이 선적을 했잖아요. 그러니께 제주 그… 뭐여, 해군기지? 뭣 한다고 철골을 많이 가져갔는가, 그거는 이제 가서 [배 안을] 퍼보면 알것죠. 배 그 안에 있다니까, 다행히.

면담자　　　이장님은 어떠세요? 지금 세월호를 인양하고, 또다시 동거차도가 세월호와 관련해서 텔레비전에도 나오잖아요. 이러한 상황에서 어떤 감회라든지 혹시 생각이라든지 특별한 게 있으신가요?

임옥순　　　올라오니까 너무 반가우면서도, 지금 미리미리 좀 이렇게 올린다고 미리미리 했으면은 하죠. 또 방제도, 기름 오염 [대비] 그런 것도 미리미리 철저하게 좀 하고. 또 우리 주민들[에게도] 좀 "확실한 보상을 해줄 테니까 너무 걱정하지 말라"고 [하고], 지금 덜덜 떨고 있는 사람도 있어요. 그런 거를 사전에 미리 좀 해놓고 [인양을] 해야 되는데, 그게 너무 미비했어요. "3중으로 물론 오일펜스를 이렇게 했다"고 하지마는. (이필교 : 아무 소용없는 거여) 너무 이렇게 [준비 없이] 했고, 우리 주민들만 지금 또 2014년도처럼 그렇게 또 당하는 거 아닌가… 지금 완전 가슴 조이고, [주민들이] 그냥 아주 신경성, 신경쇠약 걸리게 생겼어요. 〈비공개〉

7

3년 전 기름유출 피해와 미비한 피해보상

면담자　이장님 말씀하신 김에 2014년도에 주민들에게 어떤 문제가 있었고, 지금은 또 어떤 문제가 있는지 설명해 주시겠어요?

임옥순　그때 보상 문제가… 우리 생계 문제잖아요.

면담자　네. 2014년 4월 16일에 세월호가 침몰하고 이후에 기름이 퍼져 나와서 여기 해안가까지 왔었던 걸 말씀하시는 거죠?

임옥순　예예예. 그때 보상 문제가 제대로 안 이루어졌어요.

면담자　좀 자세하게 이야기를 해주세요.

임옥순　그… 철저하게 바다에서 실제적으로 조사를 해갖고 해야 되잖아요. 근데 [주민들에게] 무조건 그냥 "3년 치 계산서를 다 내놔라" 그러니까. 예를 들어 상회가 이사하면서 2년 치가 없어져 버렸어요. 그럼 2년 치를 인정을 해줘야 되잖아요, 근데 인정 안 해주고. 거의 뭐 [수입이] 8000에서 1억이었고 그때 작황이 또 좋았는데, [보상금이] 500만 원밖에 안 나온 집도 있어요. 그러니까 얼마나 억울해요. 근데 올해 또 이러니까. (이필교 : 똑같아요) 똑같은 경로를 밟는 것이 아닌가 싶어서.

이필교　그 [손해사정]업체를 또 샀어요, 해양수산부에서. 그러면 [정부는] "너거[업체]들이 알아서 해줘라. 우리는 골치 아프니까 빠질란다" 이거잖아요.

면담자   영국 보험회사 말씀하시는 건가요?

이필교   아니, 아니요. 우리나라.

임옥순   해수부에서 산 거예요?

이필교   예, 이번에 해수부에서 또 샀대요, 그 업체를. 그러니
께 "이번에 그 기름유출 돼가지고 어민들 피해 본 것은 느그가 해결
해라" 이거잖아요, 그죠?

임옥순   그래서 엊그저께 군수님 오셔갖고 (이필교 : 큰일 났어
요) 이쪽에[정부 관계자에게] "섬 어민들한테 3년 치 서류를 '이거 내놔
라, 저거 내놔라' 하면 어떻게 이분들이 하겠냐?"고 "올해는 제발 그러
지 말고 실제 조사해 갖고 거기에 대한 합당한 보상을 해주라"고.

이필교   군수님은 우리 어민들 편이니까 그렇게 좋게 말씀하
시는데, 해수부나 저기… 뭐여, 그 상하이샐비지 거기서 들어놓은
보험회사는 우리하고 [입장이] 전혀 다르잖아요. 그러니까 이제 우리
어민들을, 주민들을 생각하는 건 1원어치도 없어요. '어떻게 해서든
지 이 사람들한테 조금의 보상을 해주고 무마시킬까' 이것만 지금
하는 거예요. 그러니께 그때 그 3년 전에 했던 그 사람들을 그대로
샀다는 것은 "느그들 똑같이 해라. 그때 진짜 싸게 느그들 잘했다"
이거잖아요. 지금 똑같은 그 전철을 밟고 있는 거 같아요, 오늘 얘기
들으니까. 일 났어요(한숨).

면담자   여기 주민들이 피해를 이야기하는 방식에 문제는 없
었나요?

이필교　　　근데 그것은 인자 시정을 했어요, 집사람이 얘기를 해가지고. "그건 아니다. [피해자로] 여덟 사람을 올리면 안 되고, 여섯 집으로 올리자"고.

임옥순　　　[미역 양식장의] 법적 허가가 있는 집으로.

이필교　　　그것도 일단 정리가 돼가지고 얘기했는데, 그건 상관없이 "이제는 표본조사를 해라" 하고 어저께 얘기를 했다더라고요. 그래 가지고 "정말 [미역발] 몇 대를 넣었는가, 이 어가가?". 12대를 넣었으면 한 대에 600만 원이 나온다면 7000만 원을 보상을 해줘야 맞잖아요, 그죠? 그러면 이것을 그 보험회사가 그렇게 안 해준다면은 나머지는 정부에서, 우리가 요구하는 것이 7000만 원이라고 하면, 만약에 보험으로 해가지고 5000만 원 해준다면 2000만 원 부족한 것은 정부에서 해줘야 된다고 저는 생각이 돼요.

임옥순　　　정부에도 책임이 있죠.

이필교　　　근데 해수부는 이걸 지금 다 알았잖아요. 이번에 보니까는 그… 조업지시선이에요? (면담자 : 어업지도선?) 어업지도선인가 그거 타고 다니면서 이렇게 [조사하고]. 그때[그저께] 여기 온다니까[오라니까] "그게 더 중요하다"고 안 오고 어저께 왔잖아요, 그저께 안 오고. 근데 그 사람들은 잔존유가 그[세월호] 안에 있다는 걸 다 알았잖아요. 그런데 [잔존유가] 있는데 뭐라 그랬냐면, 우리 귀를 막았잖아요. "다 제거하고" (임옥순 : "제거했다"고 그랬잖아요) "그 구멍을 다 막았다"고 했어요. 그라니께 만약에 [잔존유를 다 제거했다면] 안에 들어가 있는 그 바닷물도 기름이 안 섞여져 있는 물이 나와야 된다는 얘기잖아요, 저거들 말대로 한다면은. 근데 그게 아니고 조금 아까 오전에 제가 뉴스를 들어보니까, 2시간 배수를 하면 끝난다고 그러는 것 같더라고요. 아니 이틀인가? 근데 그 안에 있는 것들을 다 인제 배수를 하는 거예요. 그런데 지금 "안에 있는 기름이 그저께 저녁에 유출이 됐고, 또 지금도 안에 있는 것을 다 여기다 버리고 간다"고 그러대요? 그라믄 "28일 날 목포 신항만에 들어간다"고 그러더라고요.

면담자　　　그걸 왜 여기다 버리고 가는 건가요?

이필교　　　그러니까요. (임옥순 : 물을 빼면은) 물을 빼고, 그 안에 있는 기름까지도 다 버리는 거죠, 어떻게 보면.

임옥순　　　그러니까 기름도 나오니까 이제 우리 입장에서는 (이필교 : 버리는 거죠) '버린다'라고 표현할 수밖에 없죠.

이필교　　　아니, 뉴스에서도 그랬다니까. 그러면 거기 있는 것을 다 버린다는 것은 여기 있는 잔존유, 막아진 데는 안 버리지만은 나머지는 [흘러나오겠죠], 그죠? 거기서 흘러나오는 것들은 다 버리고 가는 거잖아요. 그러면 이 어민들하고는 뭘 어떻게 하기로 해놓고 지금 그러냐, 이거죠. 정부에서는 아무것도 안 해놓고, 그죠? 이제 저 사람들이, 상하이샐비지에서 영국 어디다가 1000억인가 해갖고 보험을 들어놨다는데. 〈비공개〉 그런데 그때 [2014년에] 우리 정부하고 할 때도 정부에서 그 사람들, 해양수산부에서 그 사람들 사가지고 요쪽하고 이렇게 했잖아요. 근데 우리도 변호사를 잘못 선임했지만은, 그 사람들이 정말 엉망으로 했었어요. (임옥순 : 손해사정을) 엉터리로 손해사정을.

면담자   저는 "영국에 무슨 보험회사가 이거를 처리하기로 했다"는 이야기를 잠깐 들었거든요.

임옥순   예, 상하이샐비지 그 회사에서 영국 그 회사에 보험을 들었다는 거죠.

이필교   그러니까 우리가 싸울 것은 거기 영국 보험회사.

면담자   그렇죠. 근데 영국 보험회사를 동거차도 어민들이 상대하기에는 좀 힘들 것 같네요.

이필교   되도 안 하죠. 그러니까 정부가 지금 또 머리를 쓴 거예요, 지금. 왜냐면 그때 2014년도에 우리하고 뭐 손해사정[사]하고 싸워가지고….

임옥순   우리 정부도 우리 보상을 옳게 안 해주는데.

이필교   안 해줬잖아요. 〈비공개〉 그런데 지금도 그 사람들을 사가지고 한 것은 "너거 그때 500만 원 받은 사람은 또 올해 500만 원 받고 끝나라" 이거잖아요. 〈비공개〉

면담자   그러면 지금 여러 분들이 피해를 입으셨을 것 같은데, 어떤 분들이 특히 피해를 입으셨나요? 일단 어장 주인분들이 계실 테고요. (이필교 : 다 피해죠) 그리고….

임옥순   그리고 거기서 일하는 사람들.

이필교   종사하는 사람들.

면담자   미역 말린다든지 이런 거 하시는 분들 말씀이죠?

임옥순   예, 그리고 전 주민이 또 맨손 작업하는데 이것도 어떻게 될지 모르니까, 사실.

이필교   가서 또 작업을 해야 되잖아. 우리도 마찬가지로 돌미역을 [보상]한다고 보장을 못 해요.

임옥순   그래서 지금 [기름이 유출되었다고] 다 소문이 나버리면 먹도 안 하죠, 미역을.

이필교   그때도, 3년 전에도 돌미역이 이렇게 자라 있었어요. 근데 그게 다 없어져 버렸어요.

임옥순   돌미역이 다 죽어버렸어요.

이필교   기름이 인제 거기에 붙어버리니까. 타르 같은 거 막 그때 있었잖아요. 그래 가지고 그때 못 했어요.

면담자   그리고 또 말씀하시는 분들 중에는 "일단 기름유출이라는 뉴스가 나오면 동거차도 미역이 안 팔린다"고 하시더라고요.

이필교   그렇죠. 안 사죠.

임옥순   그렇죠. 누가 이쪽 미역을 먹것어요. 서해안 그때 기름 유출로 인해가 그쪽 분들이 바닷가[에서 나는 것] 많이 캐 먹고 (이필교 : 태안) 그… "암이 벌써 많이 발병했다"는 얘기도 들리더라고요.

이필교   그랑께 우리도 가시리 같은 거 안 먹을라고 그랬는데… 인제 작년에, 올해.

면담자   그러면 이장님께선 이 문제에 대해 어떻게 대응하실 계획이신가요?

이필교   아무 계획 없어요. 아무 계획 없어요.

면담자   (웃으며) 그래도 이장님은 생각 있을 수도 있잖아요.

임옥순   그래서 이 문제가 지금 어촌계 소관이잖아요. 그러지마는 지금 제 생각에는 아까 좀 전에도 [교회] 집사님하고 그런 얘기 했어요. 우리 주민들이, 업주분들이라도, 지금 업주 그분들이 제일 중요하거든요. "그분들이라도 나가서 시위도 하고, 또 확실하게 해양수산부 장관 와서 각서 쓰고 공증받아라". '그러지 않으면은 나는 안 된다'고 생각을 해요.

이필교   그러니까요. 우리가 지금 그 반잠수식 선박 그거를 우리가 묶어놓고요, 동거차도에 딱 묶어놓고 못 가게. 출항을 못 하게 묶어놔야 되거든요.

임옥순   "우리는 두 번 당할 수 없다", 그렇게.

이필교   근데 우리가 그걸 묶어갖고 고정해 놓을 그게 없잖아요. 그게 문제예요.

임옥순   나라에서도 안 해줬는데, 그 외국 [회사]하고 우리가 어떻게 하냐.

이필교   출항증을 우리가 끊어줄 수 있다면 안 끊어줘야 되는데. 저거들 마음대로 갈 수 있잖아요, 그게 문제라고. 이 문제가 해결된 상태에서 보내야 되거든요, 사실.

8

공동 채취 작업에 대한 설명

면담자　　맨손 작업 하시는 분들은 보통 1년 동안 맨손 작업으로 얼마 정도 버시나요?

이필교　　대중없어요. 열 뭇 해갖고 [뭇당] 70만 원 받는 사람은 700만 원이잖아요. 그리고 톳 작업 같은 것은 한 50만 원 한다면 750만 원.

임옥순　　400만 원에서 한 700만 원 정도?

면담자　　1년에?

이필교　　아니요. 더 되는 사람도 있다, 이 말이여. 열다섯 뭇이면 70만 원씩 해버리면 얼마여? 1000만 원이잖아요. 저쪽에서, 진도에서 파는 사람은 그렇게 받잖아요. 그러니께 자기 능력에 따라서 달라요.

임옥순　　능력껏 하죠.

면담자　　젊은 사람들이 조금 더 잘하나요? 아니면 어르신들이 나은가요?

이필교　　똑같이 해도요. 가격 차이, 받는 거, 판로, 그것이 문제죠.

임옥순　　업주들이 좀 더 유리하죠, 더. 상회에서 솔직히 그 사람들 거 더 잘 팔아주지.

이필교   배가 차이 날 수 있어요. 500만 원도 할 수 있고, 300만 원도 할 수 있고.

면담자   어디 거를 더 잘 팔아줘요?

임옥순   상회에서 (이필교 : 양식어업 하는 사람) 양식도 자기들한테 위탁해 갖고 팔고 하니까, 소득이 되니까 돌미역도 더 신경 써서 팔아주고 그러죠.

면담자   그럼 그쪽은 맨손 작업도 더 돈을 많이 주나요?

이필교   아니, 아니요. 그게 아니고 맨손 작업이라는 게 뭐냐면 우리가 공동으로 작업을 해가지고 개인한테 나눠요.

임옥순   돌미역 작업을 갖고 맨손 작업이라 그래요.

이필교   20집이면 20집을 똑같이 분배를 해요. 그러면 자기가 가서 [돌미역을] 말려요. 이렇게 그… 틀을 짜가지고 거기다 기계 넣고 해서 자기가 인제 팔아요. 그게 맨손 작업이라는 거예요.

면담자   아, 자기가 개인적으로 파는 건가요?

이필교   그렇죠, 그러니까 가격 차이가 날 수밖에 없죠.

면담자   돌미역을 넣어주기만 하는 게 아니라?

이필교   예. 이제 양식하는 것은 (임옥순 : 양식은 넣어줘요) 넣어주고요. 그것은 이제 그 집의 종업원으로 일을 해가지고 300만 원이라도 받고, 150만 원도 받고, 200만 원도 받고. 이제 그 집이 미역이 많이 나오면, 더 일을 많이 하면.

77
•

면담자   미역 어장은 양식 미역이고, 맨손 작업에서 나오는 것
은 자연산 돌미역인 거죠?

이필교   그렇죠. 그것하고 그것하고 달라요, 개별적인 거. (임
옥순 : 양식 미역하고 돌미역하고) 양식 미역은 3월에서 6월 초까지 해
가지고 우리가 개인이 파는 게 아니고 그것은 (임옥순 : 상회로 보내
고) 업주들이. 여섯 집이 그것을 상회로 보내요.

면담자   아, 그런 양식 미역은 사람을 고용해서 작업하는 것이
고요.

이필교   예예예. 그러니까 하루에 10만 원씩 쳐주는 사람도 있
고, 하루에 4만 원 쳐주는 사람도 있고. 〈비공개〉

면담자   주민들도 미역 거는 작업에 많이 고용되는 거죠?

이필교   그렇죠. (면담자 : 하기도 하고) 하는데 그 사람들이 네
사람 적어도 한 여섯 사람 이렇게 붙어 있어야 돼요, 그 양식하는
(임옥순 : 한 집당) 집에. 그래서 그 사람들이 한 달 정도를 일을 해야
돼요. 한 달이면 적게 받으면 150만 원, 많이 받으면 300만 원 이렇
게 받는다 이거예요. 그러니께 이 할머니들은 그것[수입]이 없어지고
요, 이 일로 인해서. 그다음에 그 여섯 집, 양식어업을 하시는 분들
은 몇천만 원이 없어지는 거죠. 근데 500만 원 받았다고 아까 얘기
를 했잖아요, 그게 그때 정부에서 해가지고 보상을 해준 것이 고작
그거다, 이거여.

면담자   그러면 맨손 작업은 공동작업장에서 알아서 하는 것

인가요?

이필교   아니, 아니요. 맨손 작업은 뭐냐면, 7월 말에서 8월 초에 갯바위에 나가서 [어촌계장이] 방송을 "동편, 갱번 나오시오" 그러면 2시에 나가든가 3시에 나가든 간에 나가서 1시간에서 2시간 정도 (임옥순 : 3시간은 걸리지) 가서 그 바위에서 이걸 채취를 해와요. 그래 갖고 그 배 한 척에다 실어서 와서 다 섞어서 그놈을 또 킬로[그램으로] 달아서 나눠요. 20집이 나누면, 그죠? 100킬로씩 나눈다면 1톤이 잖아요. 그러면 이제 각자 집에서 뭐 바위, 바닥에다 떠워놨다가 그 다음 날 새벽에 그걸 건져서 틀에다 또 말려가지고 햇빛 좀 보였다가 건조기에 들어가요. 그래 갖고 그다음 날 [건조기에서] 나와요. 그럼 그놈을 갖다가 포장을 20가닥씩 해가지고 개인적으로 팔든가 상회로 보내든가 해요. 그라면 뭐 50만 원에서 70만 원까지 받는 거잖아요. [한 못당 50만 원 받으면] 열 못을 팔면은 500만 원이고.

면담자   그럼 뱃삯은 나중에 따로 모아서 내고요?

이필교   뱃삯은, 예. 차가 와가지고 싣고 가요. (임옥순 : 각자) 차가 와서 싣고 가면 거기다가 한 못에 만 원을 받는다든가 이만 원을 받는다든가 (임옥순 : 3000원인가 그래) 이런 식으로 그렇게 하더라고요, 많이 못 실을 때는.

면담자   공동 작업할 때는 일을 더 잘하시는 분이 계시지 않아요?

이필교   아니, 그건 아니에요.

면담자   그런 건 상관 안 하고요?

이필교   상관 안 하고, 다 똑같아요.

면담자   그렇군요. 제가 너무 바닷일을 몰라가지고요.

임옥순   그렇죠, 어떻게 알겠어요(웃음).

이필교   맨손 작업은 그런 거예요. 양식 미역하고 똑같은 미역
이 아니에요.

임옥순   저거[자연산]는 재료비 없이 그냥 맨손, 망만 갖고 가서
이렇게 하니까.

면담자   그러면 톳은요?

이필교   톳도 마찬가지로 맨손 작업으로 들어가요.

면담자   같이 하나요?

이필교   거기서 한 3, 4일 같이 작업을 해가지고 한 번에 인제 말
리죠. 그래 가지고 저장해 놨다가 수협에서 배를 가지고 이제 소개를
하면 (임옥순 : 수협에다 팔아요, 개인이) 그 장사꾼이 와서 사 가요.

면담자   그러고 돌미역도 맨손 작업으로 하는 거고요?

이필교   예예. 다 맨손 작업.

면담자   아, 돌미역은 양식이 없어요?

임옥순   그렇죠. 돌미역은 그 말대로 바위에 붙어 있는 것이
돌미역.

이필교	우리가 목숨 내놓고 하는 거예요. 여기까지 [목 깊이까지] 빠져갖고 하는 거예요, 물속에 들어가서. 그래 갖고 저기 뒤에서 제가 죽을 뻔했다니까요. [물속에] 두 번 들어갔다가 나왔다니까요.
임옥순	세 번 들어갔다 나왔지.
이필교	그러니께 두 번 들어갔다 세 번째 나와가지고 산 거예요.
임옥순	그러니까 양식하시는 분들은 많은 물건을 상회에다가 팔으니까 그 상회에서는 아무래도 돌미역을 이 [양식업 하는] 사람들 거를 더 신경 써서 팔아주죠.
면담자	이해가 됐어요.

〈비공개〉

<u>9</u>
4·16 참사 이후 겪은 주민·유가족·정부 사이에 선 곤란함

면담자	2014년 4월 16일에 혹시 여기 계셨어요?
이필교	있었어요.
면담자	혹시 그때 무엇을 하고 계셨는지, 상황을 혹시 기억하시나요?
이필교	그냥 깜짝 놀랐죠, 뭐.

면담자   소식을 텔레비전으로 아셨나요?

임옥순   저는 산에 고사리하고 캐고 있었어요(웃음). 산 타다가, 거창 아는 분이 전화해 갖고 "배 엎어졌다" 그러면서. 그래가 조금 있으니까 막 헬기가 뜨고 막 난리가 난 거예요.

면담자   그날 당일에 마을에서 어떤 일들이 있었나요? 혹시 배를 몰고 나가시는 분들도 있었나요?

이필교   있었죠, 새벽에. 미역을 채취하다가 이제 본 거예요, 그것을. 그래 가지고 뭐 "화물에서 뭣이 쏟아졌네, 어짜네" 이런 얘기들이 그때 있었어요. "빔이 막 쏟아졌네, 어짜네" 이런 얘기. 〈비공개〉

이필교   그리고 우리가 가봤어요. 그랬더니 이렇게…. (면담자: 어디요?) 여기 산꼭대기에. 가보니까 [세월호가] 세워져 있더라고. 그런데 그 며칠 후에 가서 보니까 이제 [가라앉아서] 없는 거예요.

면담자   참사 이후 유가족들이나 기자들이 많이 동거차도로 들어왔는데요. 혹시 그런 상황에 대해서 마을 주민들은 어떤 생각이셨어요?

임옥순   우리는, 우리는 그 당시에 이제 정부에서 와서 [보상을] 해준다니까 좀 믿었죠. 믿고 또 나름대로 손해사정인도 사고 그랬지만은 뭐라 해야 될까…, 우리 주민들은 큰 목소리를 못 냈어요. 왜 못 냈냐면 자식 잃고, 또 부모를 잃고, 목숨을 빼앗긴 사람들도 있는데… 우리는 진짜 입을 막을 수밖에 없었어요, 전 주민들이요. 온 나라가 다 슬픔에 잠겼는데 우리 미역 못 한다고 목소리를 크게 낼 수가 없었어요. 그러다 보니깐 이렇게 그때… 그렇게 그냥 억울하게….

이필교   그런데 인제 미안한 것은 세월호 유가족들한테 미안하죠. 왜냐면 다른 섬들, 제3자들이 볼 때는 정말 더 안타깝고 돕고 싶고 그랬을 거잖아요? 근데 우리 주민들은 안타까운 것만 여기지, 실제적으로 도울 수 있는 입장이 못 됐었어요. 왜냐면 직접적으로 우리하고는 연관이 돼 있으니까. 그라고 세월호 유가족들이 또 우리를 이용해가지고 할려고 하는 그런 마음은 아니었겠지만…, 우리가 볼 때는 막 우리[에게] 뭣을 해준다고 그러면서, 지금도 그러거든요. 그런 것들이 좀 보여요. 그라고 너무 또 어떻게 보면 세월호 그쪽에서, 본래 그분들은 아니었겠지만 다른 저기 그런 뭐랄까요, [시민] 단체에서? 그러니께 그런 것들의 영향도 분명 있었을 것이라고 이렇게 생각하죠.

면담자   그러니까 지금 목사님 말씀은 오히려 다른 직접적 이해관계가 걸려 있지 않았으면 오히려 더 지지하고 도와줄 수 있었을 텐데, (이필교 : 그렇죠) 동거차도 분들은 사실 또 2차 피해를 겪은 상황이니까 (임옥순 : 그렇죠) 오히려 적극적으로 도와주기도 힘들었고, 또 유가족분들 같은 경우에는 "우리가 동거차도 피해에 같이 힘써주겠다" 이런 식으로 하려고 했던 거네요?

이필교   예, 그렇죠. "우리하고 같이 연합하자, 하나의 공동조로", (임옥순 : 그걸 못 하는 거지) "이렇게 피해자로", 이런 식으로. 처음에 그런 것들이 있었었어.

임옥순   우리는 솔직히 정부 눈치도 봐야 되고.

동거차도 주민 이필교, 임옥순

이필교   그래서 우리가 반대를 했죠. 왜냐면 보상을, 먹고살아야 되기 때문에. 그래서 우리도 목회자로서 우리도 중립을 많이 지킬라고 노력했죠.

임옥순   여기서도 "중립을 지키자"는 얘기 많이 했었어요.

이필교   그래 갖고 여기 그 유가족 중에 목사님도 오시고, 사모님도 오시고, 자기 자식을 잃은. 그래 가지고 [목사님이신] 요한이 아버지라고, 그분도 여기 오셔서 그 사모님이 금식도 여기서 많이 하시고 가시고 그랬어요. 근데 실제적으로 우리가 따뜻하게 그분들한테 못 해드렸어요.

면담자   그런 걸 지금 목사님이 약간 후회하시는 건가요? 아니면 어쩔 수 없었다고 생각하시는 건가요?

이필교   그렇죠. 그렇죠. 후회라고 할 수는 없고. 우리도, 주민들의 입장에서 우리도 좀 생각도 해야 되고 그랬으니까. 〈비공개〉

임옥순   중립을, 이장으로서 중립을 얘기할 수밖에 없었어요. 진도 그 정보계에서 저한테 "동거차도에 현수막이 뭐라고 적어졌는가 아느냐?"고, 제가 밖에 나가 있었을 때였었어요. 진도경찰서 정보계에서 저한테 확인 전화를 했더라고요. 그래서 "나는 모르겠다"고. 그러고 나중에 들어와 갖고 유가족분들을 만나자마자 "거기 뭔 플래카드 붙었어요?" 그러고. 나는 진짜 그때만 해도 좀 순진했지. 좀 바보스러운 거지 어쩌면. 그랬더니만 그분들이 뭐라 뭐라 하더라고. (이필교 : 응, 저기 뒤에) 그 뒤에. 그 얘기를 하더라고요. "아, 정보계에서 전화가 왔었는데 저기에 뭐 해놨어요?" 내가 그렇게 물었는데, 그걸 사실 그대로를 신문에 내버린 거예요.

면담자　　　이장님이 좀 불편해지셨구나.

임옥순　　　그렇죠.

이필교　　　그것만이 아니에요. 우리가 도와야 되는데, 세월호 유가족 측에서 도리어 그 사람들이 쌀 이만한 거 있잖아요. 1킬로[그램]짜리여? (임옥순 : 4킬로짜리야) 뭐 이런 거를 한 100개 보냈을 거예요. 우리 주민들, 우리 동의도 없이 가지고 와버린 거예요.

임옥순　　　우리는 "싫다" 그랬거든요. [당시] 이장님하고 분명히 거부했어요, 거부했는데도,

이필교　　　그래 갖고 우리가 "다시 보내라" 그랬어요.

면담자　　　그러니까 유가족분들이 선물처럼 이렇게 보냈다는 건가요?

이필교　　　그렇죠. 우리가 그 사람들을 도와야 되는데, 그 사람들이 우리를 돕는 걸로 해갖고 언론에 냈어요. 우리는 "안 받겠다"고 했거든요. 그리고 "돌려보내라" 그랬어요. 〈비공개〉

면담자   마지막 질문이에요. 목사님과 이장님께서 세월호 참사 이후에 우리나라나 세상에 대해서 어떤 식이든 생각의 변화가 있으셨나요?

이필교   저는 그냥 대책 없이 산 사람이거든요, 여기 세상이나 뭐 이런 쪽에 대해서. 그러고 그냥 주의 이름으로 섬기고 사랑하고 뭐 이런 쪽으로만 생각했었는데, 막상 이렇게 그 문제를 당하니까, 그때. 참… 이런 일이 있어서도 안 되지만 엄청난 생명들이 그때 목숨을 잃었잖아요, 그랗게 참 안타까운데. 아까 제가 말씀드렸잖아요. 유가족들한테 우리가 도움을 실제적으론 드려야 되는데 이렇게 못 했고요, 주민들 눈치를 봐야 되는 이런 입장, 그죠? 그래서 그때 참 우리도 많은 고민을 했었어요. 고민만 했을 뿐이죠. 그냥 거기 앞에, 뭐랄까요? 진짜 그 담대함이랄까 이런 것들은 전혀 드러내지 못했고요.

우리는 '정부가 진짜 잘하고 있것지', 그랬죠. 근데 저렇게 정부가 썩어 있는 것도 이 일로 인해서 더 제대로 안 거잖아요, 확실히. 그러면서 최순실 사건이 터짐으로써 사람들이 박근혜를, 그죠? 박정희 그걸로 해가지고 참 좋게 보고, 또 "말한 것은 책임진다" 그랬었고 그란데. 솔직히 박근혜는 말로만 그렇게 해놓고는 다 거부해 버렸잖아요, 이번에도. 그리고 "국민들을 사랑한다"고 말로만 그러지, 정치적으로만 이용했을 뿐이지. 사랑한다면 자기가 국민들을 하나

되게 해야지, 왜 이렇게 또 이분시켜요? 자기가 잘못을 시인하고, 그죠? 용서를 빌고 "미안하다" 하고 그런 말 한 마디도 안 했잖아요. 그래 갖고 지금 태극기 집회 진짜 돈 가지고 장난치는가, 진짜 거기의 열심 당원들인가 그건 잘 모르겠는데요. 하여튼 이제 이것은 우리가 이제 이 세상이 끝나고 천국 가야 이런 일이 없겠죠.

생각은 그때나 지금이나 똑같지만은, 실제적으로 우리가 이런 일을 당하고 나니까 아무 힘이 없다는 것이죠, 그죠? 그분[유가족]들한테도 이 동네 눈치를 봐야 되니까, 그죠? 아무 힘을, 도움을 못 드렸죠. 또 이 동네에 지금 이 문제가 터졌지만, 솔직히 해수부가 저렇게 또 장난쳐 분다는 걸 알면서도 우리가 앞서서 말을 못 하잖아요, 지금 우리가. 아까 그게 본심이에요, 제가. 저기 반잠수식 선박을 묶어가지고 여기다가 못 가게 해야 되는 입장이거든요, 지금. 그리고 정부 관계자나 거기 보험회사 그 사람들하고 확답을 만나서 받고. 어저께 그 사람들은[정부 관계자들은] 그냥 듣기 좋은 소리만 해놓은 거예요. 아무 의미 없어요. 해수부는 인제 보험회사 그 사람들한테 다 떠넘긴 거고, 우리는 그 사람들하고 인제 싸워야 되고.

면담자 　　　네, 알겠습니다. 혹시 이장님은 어떠세요? 그리고 2014년 그때도 이장이셨나요?

임옥순 　　　[이장은] 15년 4월 달부터. 대한민국 국민은 나라의 보호를 받아야 되는데…, 엊그저께 ≪한겨레신문≫에서 저기 전화로 묻더라고요. "정말 우리 작은 섬마을을, 우리 주민들을 대한민국 국민으로 여긴다면 당연히 보상에 앞장서 줘야 된다"고, "제대로 이번에 [보상을] 안 해주면 우리 동거차도 주민을 국민으로 여기지 않는 거 아니냐?"고 그렇게 제가 대답을 했어요. 그냥 정부를 믿고 살 수 있어야 되는데, 그렇지 못한 지금 세상이 됐다는 것이 참….

면담자 　　　그걸 많이 깨닫게 되셨나요?

임옥순 　　　예, 굉장히 저희들은 잘 믿어버리는 스타일이에요. 〈비공개〉 '아, 진짜 믿을 사람은 없고 하나님만이, 완벽하신 하나님만이 우리가 믿을 분이구나' 그렇게 생각했는데. 이 나라에서, 정부에서 지난번 보상 문제로 그래 버리니까.

이필교 　　　지금 해수부가 우리 뒤통수 친 거예요. 그걸 뻔히 유출될 걸 다 알면서도 "다 막았다"고 그러면 안 되지….

임옥순 　　　그래서 제가 각서받고 공증받자고 내가 지금 [말하고 있어요]. 이제 내일 또 모이면 그 얘기는 [하겠죠]. 저는 사실, 또 이장은, 큰 저기[힘]가 없어요. 소리 낼 그게[힘이] 없어요. 제가 동네 큰 책임자이지만, 어촌계장이 더 주관을 해서 업주고 하니까 이렇게 해나가니까. 그러지마는 제가 또 느끼는 거, 조언해 줄 거는 해줘야지. 우리 주민들을 위한 일이니까요.

이필교 　　　내일 모여요?

임옥순 　　　내일 어디서 온다 그랬어요, 또.

이필교 　　　오면 뭣 할 거야. 해수부가 저렇게 장난쳐 불고 우리를 속이고.

임옥순 　　　그러니까 "우리 업주분들이 똘똘 뭉쳐서 정말 어떻게 해나가자"라는 그것이 있어야 돼.

이필교   근데 싸워가지고 이길 수가 없어.

면담자   알겠습니다. 오늘 오랜 시간 동안 진심으로 답변해 주셔서 감사드립니다. 오늘 말씀이 중요한 역사적 자료로 사용될 거라고 생각합니다.

이필교   도움이 될 만한 그게 나오는 것이 없는 거 같아요.

면담자   아니에요. 도움이 다 되어요.

이필교   근데 그때 그, 뭐랄까요? 그때 저기 뭐 있잖아요, 빔이랑 화물차. [침몰 당시] 그 배에서 이렇게 새벽에 갔을 때 이렇게 딱 해갖고 [화물이] 쏟아지는 것을 진짜 봤다면 그게 [화물칸이] 터져 있어야 되잖아요, 근데 막아[막혀] 있었잖아요. 그러니까 그건 거짓말이잖아요. 근데 이해가 안 돼요. "다 막아져 있는 것을 누가 봤다"고 그렇게 얘기를 하고 그렇게 했는가는. TV에서도 그런 뉴스 들은 적 있는 거 같아요. 여기서도 나는 그 목격자 얘기를 내가 직접 들었거든요. 그런데 그게 다 막아져 있는 상태에서 우리 여기 철부도선 같으면 봤다고 그러면 "응, 그래" 그러지만, 그 엄청난 배에 화물칸이 다 막아져 있었는데, 그죠?

면담자   모르겠어요. 지금 설이 너무나 많아 가지고요. 아직 원인이 밝혀지지가 않은 상황이어서 참 그게 힘든 것 같아요. 또 기름도 다시 유출이 되고 피해가 있으니까, 저도 참 괴롭고 죄송한 마음이 드네요.

이필교   그라니께요, 해수부나 정부에서 이 일이 있기 전에 우리 주민들한테 먼저 와가지고 "이렇게, 이렇게 될 것이다"고 사실적으로 얘기를 했어야지.

임옥순   그렇죠. [인양] 날짜도 미리 [이야기] 해야 되고.

이필교   그러고 "이렇게 유출될 것이다", 그죠? "그러면 우리가 이렇게 해줄 것이다" 그렇게 하고 그라고 하든가. 아니면 작년에 "미역 포자를 넣지 마시오. 우리가 이렇게 내년까지 보상을 해주겠습니다" 이렇게 나오든가 했어야 되는데, 지금 뭣 하는 거여, 장난치는 거잖아요. 너거들은 힘없으니까, (임옥순 : 죽든지 말든지) 말 못하니까, 그리고 우리 귀를 막는 거잖아요. 그래 갖고 이제 [사고가] 터지니까 이제 지금 귀에 듣기 좋은 소리만 했거든요. 그란데 이것은 아무 의미 없어요. "걱정하지 마시오" 그러고 갔거든요, 어저께. 근데 아니어요.

면담자   그러면 한 가지만 확인할게요. 2014년도에 기름유출 나고서 아까 이장님 말씀하셨던 것처럼 주민들 입장에서는 보상도 받고 그래야 되니까, 유가족 편들다가 보상도 안 될 수도 있으니까 참 어정쩡한 입장이셨잖아요.

이필교   그렇죠, 그때는 그랬죠.

임옥순   중립.

면담자   예, 그랬잖아요. 그런데 결국은 보상도 제대로 못 받으셨잖아요. 그러면 지금은 어떤 입장이신가요?

이필교   정부 편도 아니고, 이것도 아니고 저것도 아니고 그렇죠. 오직 지금 여기서 먹고사는데. 봐보세요. 지금 이제 그… 6월 초까지 일을 해야 되는데 전부 다 실직자가 됐잖아요. 그러면 그때 뭐여? [2014년] 그때 특별재난지역으로 선포해 가지고 이렇게 했잖아요. 그때 칠십, 팔십 얼마?

임옥순   82만 원인가 한 달 줬어요.

이필교   이렇게 해가지고 한 달을 줬어요. 그리고 나머지는 공공근로를 시켰어요.

임옥순   5개월 동안 공공근로.

이필교   그런데 지금, 우리도 그런 대책을 세워줘야 되고 거기… (임옥순 : 지금도 똑같이) 똑같이 해줘야 돼요, 여기 동거차도는. 그리고 저기 업주들은 확실한 [보상] 약속을 해줘야 되고요.

면담자   그때는 1개월 동안 특별재난지역으로 생활안정자금을 지급하고, 그다음에는 5개월 공공근로를 했네요. 5개월 동안 얼마씩 받으셨어요?

임옥순   70몇만 원씩.

면담자   지금 주민들은 그것을 요구하시는 건가요?

이필교   그것도 아니, 그것도 아예 얘기도 못 하고요.

임옥순   지금 그 얘기도 못 하고, 업주들이 지금 너무 발등에 큰 불똥이 떨어져서.

이필교   업주들이 지금 하루에 한 300만 원씩 소득을 내야 되는데, 스무 뭇만 캐도 15만 원씩 300만 원이잖아요. 근데 그걸 못 하고 있잖아요. 그것이 문제죠. 지금 빚내갖고 대출받아 갖고 살고 있거든요, 3년 동안 어업을 못 해가지고.

면담자   네, 알겠습니다. 이것으로 구술 마치도록 하겠습니다. 감사드립니다.

이필교   고생하셨어요.

임옥순   감사합니다.

동거차도 주민 조광원

2017년 3월 26일

1
시작 인사말

면담자 　 본 구술증언은 4·16 사건에 대한 참여자들의 경험과 기억을 기록으로 남김으로써 이후 진상 규명 및 역사 기술에 기여하고자 합니다. 지금부터 조광원 씨의 증언을 시작하겠습니다. 오늘은 2017년 3월 26일이며, 장소는 동거차도 최순심 씨 자택입니다. 면담자는 김익한이며, 촬영자는 이민입니다.

2
개인사 소개

면담자 　 어려운 시기에 이렇게 선뜻 구술에 동의해 주셔서 감사드립니다. 먼저 선장님이 태어났을 때부터 젊은 시절까지 얘기를 해주시면 좋겠습니다.

조광원 　 예. 어릴 때 여기서 태어나가지고 여기서 국민학교를 다녔고. 제 나이에는 거의 국민학교 졸업이 전부 학력으로는 됐었는데, 저희 아버님이 그때 당시에 이제 무학이었지 않겠습니까, 그 나이에? 그래서 남한테 그 뭐랄까 이용당하고 못 배워서 글자를 몰라가지고, 그런 한이 맺혀가지고 '어찌하든 자식들만큼은 빚을 내서라도 가르쳐야 되겠다'고 그런 다짐을 해갖고 저보다 2살 더 먹은 형님도 목포로 학교에 유학을 보냈고, 저도 어려운 환경에서도 목포에서 중학교, 고등학교를 졸업을 했습니다. 그리고 어찌 됐는지 저희 형님이 학교 다닐 때는, 저보다 3년 선배인데, 학교 다닐 때는 아버님이 젊어서부터 배 사업을 해서 사업이 잘됐는데 제가 학교에 가면서는 참 사업이 잘 안 되더라고요. 그래서 고등학교를 졸업하고 제가 아버지 대를, 젊은 나이에 '그 배를 가지고 한번 해봐야 쓰것다' 하고 아버지 대를 한번 잇고 해봐야 쓰것다고 바다에 나갔는데 그것이 여의치 않아 갖고 완전 실패를 하고 이제 사업에 손을 뗐죠.

면담자　　　그때 사업은 멸치잡이였습니까?

조광원　　　아니요, 조기잡이. 남의 배를 그때 당시에는 빌려서 했었는데 사업이 완전 실패를 하고 망한 거죠. 있다가 그냥 군[에 갈] 나이가 돼서 군대를 갔다가 와가지고 저희 집사람하고 약혼을 한 상태에서, 그래도 여기서 뭘 '고등학교까지는 나왔는데 그래도 공무원 시험이라도 봐야 쓰것다' 해가지고 광주로 가서 몇 개월 다니다가 5·18 사태가 나가지고 그러고 있었는데. 저하고 같이 이제 모르는 사람이었는데 둘하고 도망간다고 간 것이, 아마 도로는 꽤 넓었는데 도망가다 보니까 앞에가 건물 막혀가지고 뒤에서 공수부대원이라고 해야 쓰것죠. 특전사 사람이 와가지고, 아마 그래도 저는 천운이었든가 어쨌든가 저는 개머리판으로 맞았던 것 같아요. 물론 저도 개머리판으로 머리를 맞아서 쓰러져 잠시 기절했었지만은, 다른 두 분 옆 사람은 의식을 차려보니까 피가 범벅이 돼갖고 그 사람들은 아마 죽었지 않을까 그런 생각이 드는 거예요. 거기서 31사단 거기서 [잡혀] 가 갖고, 거기서 그냥 또 어찌 풀어주더라고. 그때는 이제 사촌 누나네 집에 있었는데, 사촌 누나가 결혼하고 살고 있었어. 해가지고 여그 이마 쪽이 터졌는데 그때 당시 이제 병원에 갈 엄두도 안 나고 그래서 그냥 누나 몰래 거기서 목포로 걸어서, 광주에서 무작정 그냥 나와버린 것이었죠. 오다가 이제 그때 당시에는 차도 전부 통제하고 그랬으니까 가다가 경운기 있으면 또 얻어 타고 해서 목포를 내려와서 목포에서도 배를, 그때 당시에는 목포에 집도 없고 그래서 시골 섬으로 내려가서 이제 그냥 생활하는 것이 지금까지 이렇게 생활하는 것이 되어버렸습니다.

3

동거차도의 일반 현황

면담자   태어나시고 젊은 시절 보낼 때 1구가 한 30호, 2구가 한 30호였습니까?

조광원   아니요. 제가 여기서 자랄 때는, 저희가 국민학교 7회 [졸업생]인데 저희들 동창만 해도 18명. 그리고 우리가 제일 적었는데도 18명이고, 그래서 한 1학년부터 6학년까지가 한 백 한 70명 정도 됐죠, 여하튼 그래서 여기가.

면담자   호수가 얼마나 됐습니까?

조광원   호수가 1구가 한 80세대고, 2구가 한 40세대.

면담자   그럼 120세대나 되는 큰 섬이네요?

조광원		예, 큰 섬이었죠. 그리고 현재는 줄어서 여기가 한 40세대. 그리고 2구가 한 20세대 그렇게 돼서. 인구는 전부 뭐 여기가 젊은 사람들이, 국민학교가 폐교가 되다 보니까 젊은 사람들이 어디 섬이라 다 나갔지, 자녀들은 국민학교가 있어야 되는데. 그래서 보니까 할머니들이 많고 해서 인구는 약 한 100여 명 좀 넘을 거예요, 아직 실제 거주하는 사람이.

면담자		부친께서 배 가지고 사업하실 때 여기에 조씨 분들이 꽤 많으셨을 텐데, 호수로는 어느 정도 됐어요?

조광원		호수로는 한 13구인가 됐죠. 우리 집안이 그래도 지금 이 부락에서 제일 남자로서는, 지금 살아 계신 조수인 씨라고 거기가 항렬로 저하고 형제 항렬인데 그 형님은 그 나이에 조선대학교를 다닌, 대학을 나오신 분이에요.

면담자		조수인 씨는 그러면 여기서 뭘 하셨어요? 여기 거주하지는 않고 목포에 계셨나요?

조광원		아니죠, 여기 계셨지. 여기서 계서 갖고 지금도 여기 계신데, 지금 그 형수님이 서울 자녀 집, 자녀들한테 겨울에 구정 쇠러 가서 아직 못 내려오고. 그 형수가 갑자기 몸이 뭣해 갖고 못 내려오고 지금 있죠.

면담자		조수인 씨라는 분은 그럼 뭘 하셨어요?

조광원		그러니까 그 나이에 그렇게 그 학력을 가지고 조도면에서도 알아주는 분이었는데, 어찌된 일인지 그분도 이제 직장 그런 것을 않고 다만 그 형님도 배 사업을 해갔고. 근데 배 사업으로 성공은 못한 케이스라. 자녀들은 그래도 괜찮게 사시죠. 그리고 우리 형님은 목사님으로 일하면서 목포에서 신학교도 하면서 이제 목회자 배출하고 계시고. 또 거기 있는 우리 조카, 그 따님은 또 유일하게 이 고장 관내에는 변호사로 돼 있고. 그래서 좀 저희하고 형제 되는 분들, 사람들이나 조카들은 하여튼 괜찮게 됐어요.

면담자　　　선장님께서 동거차도로 오셔가지고 조기잡이가 잘 안 됐다고 하셨는데, 그 후에는 어떤 일을 하셔서 성공하셨어요?

조광원　　　아니, 이제 성공이라기보다도 저거도 그러더라고. 옛날에는 바람 때문에 집을 이런 섬 집은 전부 얕게 지었잖아요. 그래서 저도 이제 여기서 그렇게 오래 살 줄은 생각도 못 했지. 이제 '어느 정도 되면은 육지로 이제 가야 쓰것다, 가야 쓰것다' 하는 것이 그렇게 안 되고. 또 여기서 젊은 시절 또 뭐 책임자로 이장도 하고 진도군 수협이사도 하고 하다 보니까 수산업에 본격적으로 뭐시기도 있어서, 어민후계자도 이제 선정이 되고 하면서 이제 여기서 멸치잡이 시작을 했고, 또 미역도 했는데. 미역이 이제 아시다시피 선생님도 애들 도시에서 가르쳐봤으니까 그런데, 여기서 사실 1남 3녀, 자녀 넷을 잘 됐든 못 됐든 그래도 목포에 유학을 보내갔고 중학교, 고등학교, 대학교까지 전부 이제 졸업을 시켰는데 그 어려움은 말 안 해도 아시리라고 믿습니다.

면담자　　　그럼요. 대단하신 거지요. 현재 댁은 언제 지으셨어요?

조광원　　　집도 지은 것은 이제 제가 돈이 있어서기보다는 농가

주택을 정부에서 선정하는 거를 신청을 해서 뭔가 좀 노후에, 어차피 섬에 있으면서 '노후에 좀 편하게 살아보자' 해갖고 집을 지은 것이 또 저렇게 짓다 보니께 "그렇게 비싸게 짓지도 않고 깨끗하게 잘 지어졌다"고 그러더라고.

면담자	이장은 언제 하셨어요?
조광원	이장은 제가 [19]80년대에서 90년 그 시기에.
면담자	오래 하셨네요. 한 10여 년 하셨다는 얘기네요?
조광원	아니, 그 시기에 그 젊은 시기에 한 6년 했죠.
면담자	그러니까 80년대면 30대 젊은 시절에 이장을 하셨네요.
조광원	그리고 이제 수협이사 쪽으로.
면담자	다시 80년대 후반쯤에?
조광원	90년대 들어와서.
면담자	90년대에 수협이사 하시고 그러셨구나. 그리고 잘하신 어민들을 뭐라고 부르죠? 농촌의 영농후계자처럼 모범 어민후계자?
조광원	어민후계자.
면담자	아, 어민후계자. 어민후계자는 언제 되셨습니까?
조광원	그때도 한 80년대에.

면담자   80년대에.

조광원   정확한 햇수는…. 그때 선정됐죠.

면담자   어쨌든 쭉 말씀 들어보면 마을에 들어오셔서 가지고 굉장히 모범적으로 앞서나가는 그런 삶을 살아오신 것 같습니다. 이웃 주민들하고 관계는 어떠셨어요?

조광원   어느 사회에서나 마찬가지로 전부 내 사람일 수는 없지 않아요? 아무리 내가 잘한다 해도 그 사람이 또 마음에 안 맞는 사람도 있을 거고 그래서. 아마 그래도 제가, 저는 또 부락 일을 하면서는 내가 '이것이 옳은 일이다' 했을 때는 과감하게 먼저 일을 처리해 놓고 그것이 잘못됐을 때는 모든 책임을 내가 지고, "이것이 마을에 좋은 일이다" 했을 때는 주민들하고 같이 공유를 하고 그런 스타일이라, 좀 과감하게 그렇게. 하여튼 부락 일을 하면서 외부에 나가서는, 그러니까 어떻게 보면은 부락 주민들보다는 조도면에 계신 분들이 저를 좀 더 알아줬다고 그럴까요? 그러니까 지금 이 나이에 조도면 소재 다른 마을에서도 제 이름을 대면 모르는 사람이 없으니까, 그런 정도죠.

면담자   중간에 좀 엉뚱한 얘긴데, 제가 계속 궁금했던 게 자제분 이름이 약돌이라고 들었어요. (조광원 : 예) 그러니까 조약돌로 지으신 거 아니에요? 선장님이 55년생이니까 젊은 시절에 순 한글 이름을 지어줬다는 건데, 어떤 생각으로 지어주신 거예요?

조광원   뭐 특별한 생각은 없고. 제가 여기서 애들 넷을 낳았는데 전부 제가 받았죠, 병원에서 애를 낳은 것이 아니라. 헌데 계속 첫애를 여하튼 배가지고 내년, 그때 당시 1월에 출산을 한다더라고. 근데 갑자기 음력 12월인가 2구에서 소가 죽은 거야, 소가. 그러면 은 여기서는 소가 죽으면 도축장이 없어 가지고 그때 이제 여기 일부 사람들이 보통 소를 묻지는 않아. 잡아야 돼서 이제 그놈을 잡아보니까 이 나일론 그물을 먹어가지고 그게 잘못돼서 소가 죽은 거라. 그래서 그놈 이제 잡아서 그것을 나눠서 먹을 것 아닙니까? 근데 그 소가 새끼를 뱄더라고. 송아지를 밴 상태에서 죽은 거야. 그래서 나는 산달이 1월이니까 12월 달에는 먹어도 괜찮다고 그런 생각에. 아니 [산달이] 2월 달이니까 아직 3개월 후에 애를 산달이 되니까, '그럼 먹어도 괜찮겠지' 하고 그놈 이제 소를 잡으면 좀 주잖아요. 그러면 나눠서 그놈을 갖다가 집에서 먹었는데 이제 집사람이 이상해 가지고 애를 낳게 된 거예요. 그러니까 어떻게 보면 칠삭둥이 아니에요, 이제 [산달이] 2월이라는데 12월이었으니까. 저녁때 한 8시인가부터 여하튼 [진통을] 했을 거야. 그런데 애를 결국은 낳았는데 아들인데 울음을 못 울고 속에서 "어어" 이러더니 결국은 새벽에 놓쳤죠, 아들이었는데.

그래 갖고 뒤로 낳은 것이 이제 계속 딸 딸 딸인 거야. 내가 보기에 우리 형님도, 목사님도 딸 둘이 하고 스톱. 내 밑에 동생도 딸 둘에서 스톱. 이제 우리가 5남 1녀였는데, 이제 내 대에 손이 끊기게 생겼어, 이게. 밑에 동생들 넷째, 다섯째는 이제 결혼을 안 한 상태고. 그래서 섬에서 "낳는 데까지 낳아보세" 해가지고 그런데 계속 딸 딸 딸이라. 전부 이름도 내가 지었는데, 셋째는 이제 이름을 딱 내가 먼저 지어놓고 "이 이름으로 하자" 그라고 "약돌이라고 하세" 해놓고 딱 해놓고 보니까 또 딸이라. 아이, 그래 갖고 이제 여하튼 "하나 더 낳아보세" 하고 했는데, 전부 이제 뭐 "이번 낳으면 아들 낳을 것이니까 더 낳아라" 어째라 주위에서 해쌓고. 이제 그래서 나도 "대를 끊길 수는 없다" 하고 이제 했는데, 이름은 먼저 약돌이라고 여하튼 "강하게 돌빡같이 크든 강하게 크든 여하튼 하자" 하고 지어놓고 했더니 결국은 아들이어서 그 이름을[으로 했어요]. 이제 성이 또 가만히 보니까 다른 성 같으면 안 했는데 앞에가 '조' 자고 하니까 '조약돌' 하니까 괜찮은 거 같아서 지은 것이 그렇게. 별 뜻 있이 지은 게 아니라 짓다 보니까 그렇게 된 거지.

면담자   처음 선장님을 뵀을 때 '약돌이 아빠'라고 하셔서 인상이 좋았거든요. 지금도 동거차도 주민들 인심이 좋은데, 이장 하실 때인 80년대면 지금보다 훨씬 더 인심 좋은 섬이었을 것 같아요.

조광원   예, 그랬죠. 그리고 이제 조도 관내에서도 동거차가 부촌이었고. 조도면 39개 마을에서도 하여튼 여하튼 제일 상위 클래스에 드는 부유층이었고. 또 여기가 그렇게 단합이 잘돼 있고. 그 누가 무엇을 하나 해도 그렇게 협동심이 좋아 가지고 뭔 일이 마을에 있으면은, 물론 다른 섬도 그러겠지만, 전부가 자기 일같이 해주고. 세월호 나기 전까지는 여기가 어찌 보면 숨겨진 섬이었다고 생각이 들어요. 왜 그러냐면 여기서 장사하시는 분들이나 어떤 분들이 와가지고[오시면], 우리들 밥 먹을 때 수저 하나 더 올리면서 "밥 한 공기 먹고 가시오", 잠자리도 그러면 "여기 같이 자고 하시요" 해서 하면은 그 사람들도 고마움에 칼 같은 것이나 이런 잡화 같은 그런 것이라도 자기도 이제 고마우니까 하나 더 주고 가는 것이, 어떻게 보면 그게 식사대나 숙박비가 될 수 있지만 그게 정이지 않습니까? 정으로 그렇게 했었는데 이제 세월호 이것이 이렇다 보니까 참 이게 좀 이렇게 되드라고, 그때 당시에 그랬는데. 2014년 전까지만 해도 그랬어요, 이 섬이.

면담자   그런데 여기서 조씨 성 가지신 분들이 80호 중에 한 13호 정도 됐으면, 다른 큰 성씨로는 김씨가 있죠?

조광원   예. 여기가 그러니까 제가 알기로는 어르신들한테 들은 바로는, 조수인 씨 그 형님한테 들은 바에 의하면, "동거차에는 제일 먼저 정착하신 성씨가 장씨였다. 그리고 조씨가 서거차로 이제 귀양 왔다"고 그래요. 그러는데 여기가 이제 그것을 왜 알 수 있냐면, 그 선산을 보면 대충 알 수 있을 것 같더라고요. 이 마을에서 제일 좋은 선산이라고는 저기 용암리라고 있는 거기가 좋은 산이 있는 데가 장씨 선산이 되어 있거든.

면담자   지금도 장씨들 후손이 많이 있어요?

조광원   그러니까 그 후손들이 2구에 주를 이뤘었는데 지금 세월이 흐르다 보니까 장씨들도 많이 안 되고 지금 여기에[1구에] 한 사람, 2구에 한 사람 그거밖에 없고. 또 서거차에 가보면 우리 선산이 딱 앞에, 서거차항을 들어가면 그 앞산에가 딱 있는 것이 우리 조씨 선산이라. 그러니까 아마 그리 갔다가 이리 건너온 것 같아요. 그리고 이제 김씨나 박씨들은 같은 김씨, 박씨 성 가진 뭣이어도 이렇게 파가 좀 다르지. 말하자면 김, 이, 박 같은 경우는 이제 여러 똑같은 김씨여도 그렇고. 차씨 같은 경우는 단일로 해서 차씨들도 좀 있었고. 김씨, 이씨, 박씨, 장씨. 그리고 2구 같은 경우는 주로 여씨. 여씨는 희귀성이거든요.

면담자   예, 여씨가 많더라고요.

조광원   여씨가 많고, 또 장씨가 있었는데 장씨가 많이 이제 그렇게 [없고], 3세대 있구나.

면담자   근데 80년대에 선장님이 이장을 6, 7년을 하셨으면 그 뒤로 이장을 어떤 분들이 하셨는지 쭉 기억나세요?

조광원   그러죠.

면담자   선장님 다음에 누가 하셨어요?

조광원   차복동 씨라는 그 어르신이 했을 거예요.

면담자   차복동 씨. 그러면 90년대 초반 정도까지 하셨겠네요?

조광원   그 후로 김수배 씨, 조중순 씨, 조이배 씨.

면담자   조이배 씨는 언제 하셨어요?

조광원   지금 현 이장 앞전에 한때 하고, 그 전전전에 한 번 또 하고. 여기는 마을에 그때 당시는 사람 많고 뭐 해서, 왜 제가 이장도 이제 그만두게 됐냐면은 "배를 가지고 사업을 하는 사람은 이장을 하면은 아무래도 자기 배 그런 데 신경을 쓰니까 마을 일에는 소홀한다" 해갖고 마을회의에서 "배를 갖고 사업을 하는 사람은 이장을 해서는 안 된다"는 것을 자치법으로 해놓고. 여기 마을은 이장 임기를 2년을 하면 재임을 못 하게 지금 돼 있는 상태예요. 그러니까 조이배 씨 그 형님 같은 경우에도 언제 하다가 그다음 다음 띄고 다시 하고 그렇게 해요, 유일하게 지금.

면담자   조이배 씨 다음에는 누가 했어요?

조광원   조이배 씨 다음에 조중순 씨. 같은 우리 집안 형님인데 이렇게 하고. 또 조이배 씨가 하다가 이번 세월호 사고가 나가지고, 마을에서 그 "사업하는 사람 그런 거 따지면 어떻게 이것이 [해결이] 되것냐" 해가지고 마을에서 저를 이제 "조광원 씨가 해야 그래야 되것다" 그래 갖고 이제 투표를 해서 승낙을 했는데. 또 제가 이 진도군청에 상하수도사업소라고 이 마을에 수도 관리 책임자를 제가 한 8년 지금 맡고 있는데, 처음 이걸 하면서 그때 당시에는 계약직[이 아니다가] 지금은 나이가 정년이 돼갖고 계약직이 됐는데. 그래서 "정직원은 그 이제 국가공무원이라서 이장까지는 할 수가 없다"는 그런 뭣이[규정이] 있어서 못했는데, 계약직으로 갔을 때는 "계약직은 그 이장을 할 수 있다"고 해갖고 나도 이제 승낙을 한 것인데. 그것도 웃[위]쪽으로[상부로] 가니까 그것도 또 안 되더만. 그것도 안 돼서 이장을 다시 뽑게 돼가지고, 그러고 이제 뭣도 없어서 교회에 목사님 사모님이 "한번 해봅시다" 해갖고 지금 현 사모님이 하고 있죠.

면담자   이 동거차도가 굉장히 평화로워 보이긴 하지만 아무래도 배 타시고 하면 좀 거칠고 이런 분들도 꽤 계시지 않아요?

조광원   물론 이제 젊은 사람들이 그렇지 않아요? 옛날에 1, 2구 여기가 무지하게 터가 쎘어요. 우리 애들, 저도 국민학교를 내 나이 또래보다는 우에 사람들하고, 내가 학교를 [나이보다] 먼저 갔제. 먼저 갔는데 그때 당시에 먼저 가다 보니까 그쪽에는 그 사람들이 우리보다 2년 나이가 많아도 또 한 해를 끓고 국민학교를 들어온 거야. 거기에 내가 갔더니 1구 사람들하고는 몇이 안 돼. 1구에서 댕기는 사람은 불과 한 24명 중에 5명이 1구 사람이고 나머지 한 20명 정도가 동막[2구] 사람이라. 그래서 자꾸 이래서 때려쌓더라고. 때려쌓고 해가지고 내가 그냥 "학교 안 간다"고, 이제 우리 나이하고 댕길라 했어. 자꾸 2구 분들이 거기 좀 터가 쎘어, 옛날에.

구정 때 보면 한복 차려입고 따로 노인들이 여기 오면 또 윷놀이 같은 거 하다 보면 꼭 술 취해갖고, 그 좋은 옷, 우리가 어려서 보면 그 좋은 옷 다 뭐 뒹굴고 가고 했는데, 옛날에는. 지금은 이제 어디 가나 보면 이제 술을 먹다 보면은 사람들이 좀 술 먹는 사람들 그렇지 않아요? 술도 그러니까 배울 때 잘 배워야 한다는 그런 말이 있는데. 다행히 저는, 우리 집안은 술을 그렇게 체질이 그쪽으로 그러는가 어떡하는가 우리 집안은 술 먹는 걸 그렇게 좋아하는 사람이 없는 것 같아.

면담자　　　보통 사람 사는 데면 그래도 1년에 한두 건씩은 술 먹다가 주먹다짐하고 이런 게 좀 있어야 하지 않아요? 제가 듣기로는 여기는 그런 얘기도 없더라고요.

조광원　　　이제 여기가 아무리 술 먹고 해도, 이렇게 아까 앞전에 말했지만은, 그렇게 위계질서가 잘 이렇게 단결심이 좋은. 조도

면에 가도 동거차 하면은 "부유층으로 해서 단결이 잘되는 마을이다"라는 것을 소문이 나 있어 가지고. 아직까지는 그래도 지금 같은 [위] 세대에서도 사람들이 말을 하면은 젊은 사람들이 그래도 많이 수긍을 하는 그런 마을이라고 봐야 되죠. 개중에는 술 먹고 이렇게 하는 사람이 왜 없겠습니까만은, 그래도 다른 부락에 비해서 많이 위계질서나 그런 선후배 사이 그런 것은 잘돼 있는 부락이라고 저는 자부를 하고 있습니다.

면담자   동네일이라고 좋게만 얘기해 주시는 거 아니에요?

조광원   아니여. 제가 이제 세월호 사고가 나고, 원래는 이장하고 어촌계장이 이런 사고가 나면 발 벗고 나서야 되잖아요. 그런데 이장님이 이제 그때 조이배 형님이 몸이 아프고 해갖고, 제가 이제 사무국장이라고 해가지고 저한테 전부 모든 책임을 [맡겼어요]. 하여튼 고생 많이 하고 나쁜 소리도 많이 듣고, 여하튼 마을 청년들한테, 젊은 사람들한테도 들었는데. 이제 결국은 그걸 듣는 것을 다 그것을 평을 대꾸를 하면 그것이 되겠습니까? 그래서 한 귀로 듣고 한 귀로 흘리고 했는데. 지금 와서 보면은 우리 신[임] 어촌계장님도 자기가 그런 적이 있어 봐야 이 앞전에 있던 사람들의 심정을 알거든, 또 이장도 해봐야 전 이장의 속을 알고 하듯이. 그래 하니까 아마 하시는 분들이 참 자기들 '아, 이 앞전 어촌계장님이 심정이 어떠했겠다' 그런 것을 알겠죠.

면담자   그리고 여기 주민 수가 많이 빠지고 새 주민들이 조금 들어온 것 같아요. 원래 여기 토박이가 아닌 새 주민들이 언제쯤부터 많이 들어왔어요?

조광원   제가 알기론 '새 주민들은 그렇게 많이 안 들어왔다'고
저는 생각을 해요. 왜냐하면 다시 들어오신 사람들도 어려서 여기서
태어나서 육지에서 생활하다가 또 고향에 이리 들어오는 케이스이
지. 전혀 여기를 연고 없이 들어오는 주민들은 아마 제가 알기로는
교회 목사님, 현 이장님 부부. 거기가 한 20년 가까이, 아마 여기 들
어와서 생활하고 20년 됐을 것 같고. 그리고 나머지는 전부 여기 주
민이 나갔다 들어오는 그런 케이스라.

면담자   그럼 목사님만 외지인이라면 외지인이라고 볼 수 있
겠네요? (조광원 : 예) 목사님도 굉장히 열심히 하시는 것 같던데요.

조광원   예, 열심히 하죠. 첫 번은 전도사님으로 와가지고 그
렇게 목사님까지 돼 있고. 열심히 잘하죠.

면담자   선생님도 교회 나가세요?

조광원   예, 교회 나가다가. 그라고 당연히 나가야 맞죠. 우리
형님이 목사님이고 신학교를 운영하고 있고 그런데.

4
동거차도 경제 현황

면담자   예. 좀 다른 얘기를 여쭈려고 하는데, 여기서 미역 양
식장은 누가 제일 많이 갖고 있습니까?

조광원   제가 제일 많을 거… 아니, 거의 비슷할 거예요. 많다고 해봐야 한두 대. 한 줄 두 줄, 거의 그러니까 비슷하다고 보면 돼요. 이제 차이 있다 그러면 한두 대 차이 그래요.

면담자   여기가 총 몇 헥타르 정도 됩니까? "한 50헥타르 정도 된다"고 얘기 들었는데요.

조광원   그건 누가?

면담자   너무 많아요?

조광원   아니. (손가락으로 꼽으며) 5헥타, 5헥타, 5헥타 하면 15헥타랑 10헥타, 그러면 25헥타에다가 18헥타, 그러면 25헥타에다가 18헥타면 43헥타. 그러니까 43헥타면 엄청난 대수를 넣을 수 있는데, 여기는 쉽게 말하면 어장 정리가 안 됐어, 정리가 안 되고 하다 보니까 무지하게 이렇게.

면담자   성글게 하는 건가요?

조광원   여하튼 지그재그로 돼가지고.

면담자   원래대로면 한 1000대 돼야 하죠?

조광원   그렇죠. 그렇죠.

면담자   그런데 지금은 1000대까지는 안 되고 5, 600대 정도?

조광원   5, 600대도 안 되고. 그게 이제 1구만 해서 그렇지 2구까지 합치면 50헥타가 훨씬 넘죠. 그런데 여기는 이제 여섯 사람이 하는데 우리들이 행사계약을, 마을 어촌계하고 우리들 개인하고 행사계약을 하는데, 그 행사계약은 한 70대 정도 행사계약을 했지만 실제로 여기서 생산된 것은 20대에서 30대 그 안에서 하고 있죠.

면담자   그러면 그 정도면 평균적으로 어느 정도 소득이에요?

조광원   글쎄 이게 이제 설명을 하려면 뭣한데. 이제 2구 같은 경우만 해도 로프도 21밀리[미터]라는 로프 줄을 두 가닥을 감고, 그 이렇게 두 가닥 두 줄을 이렇게 묶어가지고 거기다 포자를 감아서 하는데. 우리 1구는 하나를 더 해서 세 가닥을 갖고 하다 보면 아무래도 포자가 더 많이 붙으면 또 소득이 많이 날 거 아닙니까? 그랬을 때 저희들은 우리가 지금 채취 시기잖아요. 지금부터 채취를 하면 6월 한 중순까지 채취를 하는데, 그거 한 세 번을 그놈을 귀 있는 놈만 [해요]. 다른 데는 미역이 되면 전부 한 번에 채취를 해버리고 끝내버리는데, 우리들은 세 번에 걸쳐서 꼭지 있는, 귀 있는 놈만 이제 솎아낸다고 할까?

그렇게 하다가 해서 세 번 베는데, 그게 우리들 말로 '한 대'가 한 100미터라고 했을 때 실제 발로는 한 60발 돼요. 100미터에서 수확을 다 해보면, 잘됐을 때는 한 발 반 정도에서 한 뭇 20가닥[이 나오면], 그러니까 한 대에서 한 40뭇을 [수확하면] 잘된 것으로 본단 말이에요.

그러면 작년 기준으로 해야 되겠죠? 하여튼 작년에는 경기가 안 좋아서 그런 건지는 몰라도, [20]14년, 15년에는 한 뭇에 15만 원 하던 것이 작년에는 12만 원 했거든요. [시세가] 12만 원 했으면 평균했을 때 [수확량이] 30뭇을 한 사람도 있고 또 35뭇을 한 사람 있고 최고

40뭇을 한 사람도 있거든요. 그래서 평균을 이제 최저의 생산으로 30뭇을 기준으로 했을 때도 한 뭇에 12만 원 하면, 한 줄이면 420만 원 되나? 400만 원 돈 돼요. 그러면 30줄이면 3 곱하기 4는 12, 그러죠? 한 1억 넘게 그렇게 생산하죠. 그러면 이제 인건비 이것저것 전부 떼고 그러면 한 5000[만 원]. 생산은 이제 3월부터 6월까지가 석 달 간에 생산 소득을 내고.

면담자   포자 씌우는 비용, 인건비, 유류비 등을 합치면 거기서 한 50프로 정도일까요? (조광원 : 그것이 40프로) 그러면 이윤이 한 60프로 정도 나는 거네요. 그럼 만만치 않은 소득이네요.

조광원   그렇죠. 그러고 나면 이제 7월부터는 멸치잡이. 멸치잡이가 소득은 더 좋은데 멸치잡이가 힘이 들더라고, 그라고 경비가 더 많이 들고.

면담자   옛날같이 또 멸치가 많지도 않죠?

조광원   옛날 같으면 미역하기 전에는 멸치만 해도 억 단위가 넘었었는데.

면담자   그러면 요새 선장님 같은 경우에는 멸치로 어느 정도 소득을 보세요?

조광원   2014년 전까지는 멸치가 더 많았죠. 1억 한 5000씩. 뭣 하기 전에는 했었고, 이제 실제 1억 5000 됐어도 순수익은 한 5000, 그 정도밖에 안 돼, 멸치는. (면담자 : 비용 때문에?) 그것은 뭐든 개인 비용이 많이 들어가니까.

면담자　　　근데 어쨌든 1년에 순수익이 1억 이상 나니까 어촌에서는 정말 부촌이네요.

조광원　　　에, 그랬죠. 그래 갖고 전부 목포에다 애들 학교를 보내야 되니까, 목포에다 집을 하나씩 가지고 있고.

면담자　　　이 마을에 좀 나이 든 어르신 중에서 유지라고 할 만한 분은 누구를 꼽으세요?

조광원　　　이제 조수인 씨 그분이 이제 아흔이 넘었으니까. 거기는 이제 거동도 못 해서. 지금 누가 뭐래도 일흔 넘고 하신 분들이 소장옥 씨나 김수배 씨 등이 제일 그래도 유지라고, 제가 또 존경하고 받들고 그런 분들이죠.

면담자　　　두 분은 다 뭐 하세요?

조광원　　　이제 이장도 다 지냈고 어촌계장 그런 것도 다 지나고 해서 지금은 항시 저도 마을에 일이 있고 그러면 그분들한테 가서 상의하고 "이렇게 할랍니다" 하고 자문도 구하고.

면담자　　　그러시군요. 조수인 씨가 집안 형님이 되신다고 그랬죠? 조금만 더 여쭙겠는데 마을에서 주로 어떤 역할을 하셨어요? 예를 들어서 이장을 뽑는다고 그러면 어르신한테 가서 여쭙기도 하고 이장도 추천하고 이렇게도 하셨나요?

조광원　　　그때 당시 이장을 몇 년 하면 이제 마을 자치법이랄까 모든 그런 것들을 다 그분이 이제 초안을 만들어서 운영을, 시행을 했고. 모든 마을의 대소사나 이런 것이 있었을 때는 예를 들어서 군수한테 마을을 위해서 건의하러 간다 하면은 그분을 꼭 대동하고 가시고. 여하튼 일을 할 때는 어르신들이 많이 했죠, 80세까지는.

면담자　지금은 연세가 너무 많으시고?

조광원　예. 그래 갖고 거동을 못 하니까.

면담자　여기 목사님은 외지에서 오셔서 사실은 적응하기 어려웠을 텐데, 어떻게 잘 하셨나요?

조광원　글쎄… 이제 또 아마 고향이 진도 분이시라. 그래 하여튼 어찌 됐든 주민들하고 잘 뭣 해서 잘하고. 또 이제 10년이 지나면 강산도 변한다고 하듯이 거의 한 20년 가까이 계시는데, 뭐.

5
사건 발생과 구조 및 수색 활동

면담자　이옥영 선장이 다른 집보다 특히 유가족들과 잘 지내신다더라고요?

조광원　이제 그건 저 세월호 이것 때문에 그랬는데, 그때 당시 또 방제 작업을 했거든. 오일펜스를 쳐야 되고 그래서 그때 당시에도 배를 이렇게 순번을 정해가지고, 오늘은 몇 척이 누구 배 누구 배, 내일은 다음 누구 해가지고. 오늘 같은 날 내가 가서 우리 배로 친 오일펜스였는데, 하도 조류가 많고 세다 보니까 그 뒷날 가니까 그것이 다시 끌려가 가지고 한 군데 가 있어 버렸어, 뭉쳐버렸어. 그래 갖고 그놈을 다시 펴야 될 거 아니요? 그래 갖고 그다음 날 투입된 것이 이 선장, 이옥영 씨네라. 거기에 [같이] 다니신 분이 차남표 씨라고 이제 [이옥영 선장의] 엄마가 차씨 집안에서 왔는데 그 외삼촌 뻘 되는 분이었어. 그래 갖고 그래 있응게 거기서 닻줄을 감다 보니까, [닻줄] 하나 올라올 때는 가벼운데 이제 두 개 뭉쳐 올라오니까 좀 무거웠을 거 아니요? 그래 갖고 이제 이 선장이, 선주가 도르래 감다가 "형님, 잘라부쇼", "삼촌, 잘라부쇼" 한 거예요, 칼로. 만일 그 소리를 듣고 거기서 잘라버렸다면 문지성이라는 그 여학생은 영원히 지금 세월호에 있는 거로만 하고 있지. 그래서 "아니, 좀 만 더 올려봐라" 해가지고 올리니까 거기가 있더라고.

문지성이라는 여학생이 그렇게 발견이 돼가지고, 그걸 이제 문지성 아버님이 고맙잖아요, 그래 갖고 그게 인연이 돼가지고. 문지성이 아버지가 지금도 계속 카메라 들고 뭐 하고 했지. 그걸로 인해서 이 선장 집으로 유가족들이 많이 오게 됐지. 불편한 사항이 있으면, 있어도 거기서 무엇을 하고 했는데, 이제 우리 마을에서도 그 유가족들에게 뭘 해주겠어요? 그래서 해줄게 뭣이 있나 해가지고 생각을 했을 때, 저기서[감시초소에서] 자니까 우리들도 해줄 것은 "전기라도 거기서 좀 쓸 수 있게 해주자" 해갖고 이야기해서 조금 가까운 데서 전기를 해서 저 위에까지 전기선을 뺄게 해주니까 거기서 이제 유가족들이 전기도 쓰고 뭣도 해 먹을 수 있도록 그렇게.

면담자　　감시초소까지 전기선을 놨네요. (조광원 : 예) 그럼 그 선 놓는 거는 주민들이 작업하셨어요? 아니면 전기 공사하는 사람들이 했어요?

조광원   이제 우리가 건의를 하니까 그건 당연히 군에서, 여기 한전에서 한 것이 아니라, 군에서 사용하는 것잉게 "오케이" 해갖고 이제 전기하는 사람들이 전주에서 빼서 뻗어준 거지, 전기선을.

면담자   세월호 얘기를 조금 하려고 하는데요. 2014년 4월 16일 날 세월호 침몰된 것을 어떻게 아셨어요?

조광원   그때는 4월 16일이니까 4월 달이니까 한창 미역을 채취를 하는 시기였단 말이에요. 통상 4월 초에 하는데, 이게 미역이란 것이 기상하고 밀접한 관계가 있어 갖고 내일 비 온다고 그러면은 미역은 못 하는 것이거든. 그런데 그날 16일 날도 기상을 들어보니까 "17일 날 비가 온다"고 하더라고. 그런데 이제 나하고 몇 사람은, 다른 사람들은 16일 날 그날 널어서 말릴 미역이 확보가 됐어, 쉽게 말하면. 그런데 나하고 몇 집은 좀 부족하더라고. 이왕에 기름 떼고 하니까, 예를 들어 [적정량이] 20뭇이면 20뭇은 해야지 15뭇만 널 수는 없는 거 아니에요. [모자란 게] 5뭇이니까 5뭇 정도는 그날 얼른 해갖고 와도 그날 햇볕에 같이 들어갈 수 있으니까, 이제 16일 날 아침에 미역을 채취를 하러 갔죠. 그런데 다른 때 같으면 보통 우리가 미역을 [하루에] 네 번을 해서, 바다에 오전에 세 번 오후에 한 번 가면은 끝나거든, 바다에서 채취하는 작업이. 그러다 보면 여기서 한 5시나 5시 좀 넘어서 집에서 일어나서 가면은 6시 정도 좀 넘어서 작업장에 가서 작업을 해서 이제 다니는데. 그날은 한 번 가면 끝인께 좀 늦게 간 거라, 늦게. 그래서 여기서 한 7시에나 갔을까? 정확한 시간은 좀 거기한데[모르겠는데] 배를 타고 가서 작업을 했어.

하다가 어찌 보니까 맹골도 저기 위에서 하얀 배가 항해해 내려오더라고. 통상 우리가 거기는 부산 가는 유람선, 인천에서 가는 유람선도 다니고 제주 가는 여객선도 다니니까 '아, 그런 배들 중에 하나겠지' 하고 이제 뭐 신경 안 쓰고 미역을 해갖고, 한 번만 해갖고 마을로 왔죠. 와가지고 배[에서] 미역 푸고[내리고], 이제 다시 안 가니까 배 청소는 해야 될 거 아닙니까? 깨끗이 청소하고 가에 내려서 이제 아침밥을 먹고. 제가 다른 사람보다 밥을 좀 빨리 먹는 편이라 제일 먼저 먹고 밖에 나와 있는데 전화가 딱 오더라고. 핸드폰 전화가 오는데, 전화받으니까 서울에 있는 여기서 나간 친구인데, 서울에서 이제 회사생활을 하는 친구인 나보다 1살 더 묵은 사람인데 "어이 조 사장, 동거차 저 병풍도 밑에서 여객선이 침몰됐다는데 뭔 일인가?" 그러니까 그때야 '아, 내가 아침에 봤던 그 배구나' 그것이 생각이 딱 들더라고. 그래서 바로 전화를 뒤로 보니까 9시 32분인가 30분인가 그 통화가 됐어.

그래 갖고 바로 이제 배를 가지고 사람들한테 전화를 해서 "이러니까 빨리 배를 타고 가보자" 하고. 나도 배로 오르고 하는 차에 이장님이, 조이배 이장님이 방송을 하더라고. 그래 이제 거기는 면에서 나오면서 각 이장, 제일 가까우니까 이장들한테 전화를 했겠죠. 그래 갖고 이제 여기 있는 배들 전부 저쪽으로 돌아가는데 [현장까지] 한 10몇 분밖에 안 걸리죠. 전속으로 갈 거 아닙니까. 그래 딱 가보니까 기울어갖고 (손짓을 하며) 이렇게 됐더라고.

면담자   도착을 몇 분쯤에 한 겁니까?

조광원   [9시] 4, 50분 아니면 한 10시 정도 됐을 거예요. 그런데 이미 이준석 선장이라는 사람은 내려버리고, 해서 보니 헬기도 와 있고 배들도 막 먼 배들, 아리랑호랄까 뭐 이런 배들도 와 있고 해경 배들도 와 있고 그라더라고. 우리가 제일 가까운 거리에 있으면서도 지형적으로 등 너머에 이렇게 돌려 있다 보니까 그렇게 빨리 구조하러 가는 편은 아니었어요. 가서 이제 그래도 보니까 세월호가 많이 기울어가지고 그 위에서 해경들도 걸어 다니고, 이제 거기서 학생들, 승객들이 많이 내려오더라고. 우리는 학생인 줄도 모르지. 내려오고 그러니까 우리들은 배가 그래도 4톤, 5톤 정도 되니까 기동력이 좀 늦어. 그런데 해경 보트 같은 것은 기동력이 빠르단 말이요. 그러니까 얼른 대서 학생들 싣고 빨리 나오고 그러면 다른 선외기들이 싣고 하니까, 우리 마을 배들은 그 주위에서 혹시나 물 위에서 빠진 승객들이라도 구한다고 그 안에 빙 둘러서 있다가 다른 배들하고 이제 이렇게 구조하고 있었지.

그런데 차츰차츰 배가 기울다 결국은 한 11시경이 됐을 거예요, 아마. 그때 정도 세월호가 완전 침몰을 했잖아요. 침몰을 했는데 그때 당시 어느 누가 그랬든가 어쨌든가 나한테 전화가 와갖고 "세월호가 물속에 가라앉았다가 다시 물 위로 떴다는데 그게 사실이냐?"고 또 많은 사람들이 물어봐. 그래서 "그건 절대 아니다. 물이 이렇게, 모든 물체가 이렇게 배가 물속으로 들어갈 때는 물이 들어가는 압력이 있어서 물이 이렇게 물보라가 친다. 물기둥이 있어 가지고 물기둥 때문에 배가 안 보였다가 물기둥이 가라앉으니까 그렇게 보인 것이다" 그렇게 내가 얘기를 했는데. 우리들도 이제 그 배가 침몰

하니까, 그 큰 배가 침몰하다 보면은 우리 작은 배들이 다시 빨려 들어갈 수가 있으니까 전부 빠졌죠.

빠져서 있는 차에 세월호가 아까 같이 이렇게 선수가 보이는데, 뭐 이 바다에서 사람 둘이가 이제 물속에서 나온 거라. 그래서 로프를 그 사람들한테 던져서 그 사람 둘이를 이제 당겨서 보니까 승객들이 아니고 그 배 위에 탔던 해경이라. 해경이 그 배에 있다가 침몰하니까 물에 빠졌다 올라온 거야. 그래 갖고 그 둘이 밖에 우리는 못 건졌는데. 그래 갖고 계속 돌아도 이제 안 나오고 하니까 약 1시간 [있다가] 12시 넘어서 이제 철수를 했죠. 철수를 해가지고 구조된 학생들 거의 다가 서거차로. 서거차는 그쪽을[침몰 해역을] 보고 있거든, 항구가. 그리고 항이 잘 개발되어 가지고 헬기가 아무 데도 앉을 수 있는 그런 지역이야. 그래 갖고 거의 구조된 생존자들은 서거차로 해서 팽목으로 나가고 동거차는 한 사람도 구조된 승객들이 없었지요.

면담자　　　해경 두 분을 로프로 올라올 수 있도록 하셨네요. 근데 그날 나간 이후로도 꽤 오랫동안 나가셨던 것 같은데, 여기 배가 12척 있죠? (조광원 : 13척) 그럼 13척이 다 나갔어요?

조광원　　　이제 그날은 선주가 출타하고 없는 사람도 있었지. 그런 배들은 운항을 못 할 거 아닙니까? 그럼 그 배가 2척인가 제하고 1, 2구 해갖고 다 나갔죠.

면담자　　　그럼 11척이 나간 거네요. (조광원 : 예) 그럼 그러고서 며칠 정도 나가셨어요?

조광원　　　그래 가지고 그 뒷날부터 이제 비가 왔잖아요, 바람이 좀 불고. 그래서 계속 수색을 이제 했는데, 근데 누구보다도 여기서 사는 사람들이 지형을 잘 알 거 아닙니까. 그래서 그때 당시에 수색하는데 특전사나 이 군인들이 와갖고 단정 타고 댕기고 하면서 4, 5일 다녔나? 그러다가 이제 기름이 갑자기 유출이 된 거라, 기름이. 그래서 기름이 양식장을 덮치고 하니까 이제 방제로 오일펜스 치고 하다가, 그 과정에서 한 20일 정도 됐을까? 문지성이가 그 오일펜스에서 나온 시기가 아마 그랬을 거예요.

면담자　　　그러니까 침몰 당일 날은 구조를 위해서 나간 거고, 그리고 이제 기름유출이 되니까….

조광원　　　아니, 첫날부터 한 4, 5일은 수색. 혹시라도 이제 그런 죽은, 쉽게 말하면 그런 시신이라도 있을까 봐 수색을 다녔고. 우리가 다른 사람보다는 지형적인 것을 잘 알잖아. 암초가 있고 그런 것을 다른 사람은 모르는데 우리들은 아니까 그런 거를 피해서 한 4, 5일 수색을 다녔고. 그러다가 이제 그 후에 갑자기 기름이 퍼지니까 방제.

면담자　　　방제 작업은 며칠 정도 하셨어요?

조광원　　　방제를 한 일주일 했을 것 같아요.

면담자　　　결국은 4월 말까지 계속 배를 탔다는 얘기네요.

조광원　　　예. 그래 가지고 이게 이제 계속 수색은 해야 되지 않아요? 그래서 다른 배들을 하는 것보다는 그래도 아까도 얘기했지만, "이 지역을 잘 아는 지역 배들이 해야 된다" 해갖고 서거차까지 해가지고 아마 21척이 A조 B조, 1조 2조로 해갖고. 어차피 수색은 해야 되는 뭣이니까 군에서 [편성]해 가지고, 아마 그게 11월 세월호 [수색] 종료하도록까지. (면담자 : 11월 3일이었죠?) 여하튼 11월 3일 날인가 며친날까지 수색을 다녔죠.

면담자　　　조를 짰으니까 매일 나간 건 아니었겠네요?

조광원　　　그러니까 이틀에 한 번씩 하죠. A조, B조로 나눠졌으 니까.

면담자　　　그러면 그것을 진도군청 또는 해경에서 요청을 한 겁 니까?

조광원　　　우리도 어차피 수색은 해야 되니까. 또 그런데 우리들 지역 배들이 세월호 때문에 아무것도 못 하니까 그걸 이제 기름값, 배 사용료, 인건비 그런 식으로 책정을 해가지고 했죠. 그리고 마을 주민들은 미역 양식도 버려서 뭔 일을 못 하고, 그 자연산도 못 하고 그러니까 공공근로식으로 아마 주 5일 해서 한 달에 72만 원인가 얼 마씩 육지의 공공근로 일하듯이. 그것도 한 11월까지인가 어떻게 했 을 거예요.

면담자　　　그 얘기는 뒤에 다시 정리를 하고요. 11월 3일까지 이 틀에 한 번씩 배를 타고 나가서 계속 수색을 다니셨단 말이에요. 제 가 여쭙는 것은 그것을 누가 하라고 했냐는 거예요.

조광원　　　그건 [진도]군에서. (면담자 : 군에서?) 군하고 이제 우리 하고 협의를 해가지고 군에서 이제 수색은 해야 되니까.

면담자   공식적인 요청을 한 거네요? (조광원 : 예) 무슨 계약 같은 걸 맺었어요?

조광원   "그것을 해주라"고 그러니까 저희들도 그냥 어찌 보면은 그렇잖아요. 다른 외지 배들이 수색을 한다고 생각을 하면은, 우리들이 어장은 어차피 못하면서 배 있으면서도 수색 그걸 안 하고 다른 외지 배들이 한다고 하면, 외부에서 생각해도 또 안 좋게 좀 그 상황을 볼 거 아닙니까? 그러면 "동거차 배들로, 동서거차 배들로 하자" 그렇게 우리들도 협의를 해서. 아무리 못 해도 그렇게 하자고 해가지고.

6
어민에 대한 보상 현황

면담자   배 하나에 몇 분씩 타셨어요? 선장님하고 아무래도 한두 명 더 타야죠?

조광원   한 사람.

면담자   그럼 두 명 승선한 거네요? 그러면 뱃값, 기름값, 그다음에 승선한 두 사람의 인건비 이렇게는 계산이 돼서 나와야 되는 거네요? (조광원 : 예) 그걸 한 달로 치면 얼마쯤 계산이 나옵니까?

조광원   아니, 한 달로 하면 바람이 불어서 계속 못 하지. 계속한다면 15일은 해야 맞는데 바람이 불거나 그러면 못 나가니까

12, 3일 하면은 하루에 배 사용료가 그때 30만 원인가 해서, 배 선주랑 기름까지 해서 아마 50만 원인가 했을 거예요, 그 50만 원에는 선주 인건비까지. 그리고 배에 타시는 승선된 분은 아마 7만몇천 원으로 제가 알고 있는데.

면담자　　그 돈은 매월 지불됐습니까?

조광원　　그랬죠. 그래야 우리가 먹고 사는 것만 아니라 기름을 사야 되잖아요, 배가 운영되려면. 그러니까 기름값 그런 거 해서 그렇게 나왔죠.

면담자　　지금 말씀 들으면 어느 정도 합리적인 비용은 지불을 받으신 거네요?

조광원　　예, 그랬죠.

면담자　　그리고 거기다가 공공근로에 해당하는 정도의 70여 만 원 정도의 비용이 5월 하순부터는 나온 거네요. 언제까지 나왔어요?

조광원　　그건 아마 11월까지. 그냥 주는 것은 뭣하니까 그런 공공근로 명목으로 해서.

면담자　　그럼 여기서 어업노동을 하시는 분들은 양식이 안 되니까 노동할 곳이 없는 상황이었는데 꽤 도움이 됐겠네요? (조광원 : 예) 근데 사실은 제가 왜 이걸 자꾸 여쭙냐면 양식장에 대한 보상을 제외하고 정부에서 동거차도 주민들에게 한 대우에 대해 불만이 있는 분들이 많은 것 같아서예요.

조광원　　그건 제가 했을 때는 이제 이 보상에 대한 불만이지.

제가 판단했을 때는 '정부에서 우리들 생계에 대해서는 적정하게 해 줬다'고 저는 생각이 들어요, 많은 흡족한 무엇은 아니지만은. 그런 데 이제 주민들이 좀 정부를 원망하고 하는 것은, 그때 당시 국무총리 그분도 오셨어요. 정홍원인가? (면담자 : 예) 그리고 [해수부] 이주영 장관님, 오늘도 저 팽목에 왔더만. 그분들이 와가지고 "걱정 마라. 정부에서 다 해줄 테니까, 보상. 피해 난 것은 보상해 줄 테니까 걱정 마라" 했으니까. 우리들은 뭐 그 높은 사람들이 와서 그렇게 말하니까 믿어야지 뭐, 그걸 뭐 문서 써주라 할 것이여 뭣 할 것이여.

그래서 했는데, 결국은 그 보상 문제에서 아까도 뭐다고 했지만 인건비 같은 거, 자기들이 노동한 인건비를 못 받았지. "인건비를 개인별로 신청을 그렇게 넣으라"고 해서 넣었는데 전부 그것이 결국은 인건비 청구는 전부 기각이 돼버렸어. 그래서 아마 정부에 원망이 주민들이 더 있는 걸로 [알아요]. 이제 양식을 하는 사람들은 증빙 자료가 없어졌다고 재판 가고 했으니까 더 원망을 하겠지만. 그 노동하는, 그러니까 어촌계원으로서 자연 그 [미역] 채취하는 그분들은 아마 그걸로[공공근로 지원금으로] 따지고 보면, 70만 원씩 호당 5개월이면 5 곱하기 7은 35, 350[만 원] 아니에요? 350에다가 생계지원비 첫 번에 82만 원, 그러면 400만 원. 그리고 개중에 [집에] 남자가 있으신 분들은 또 배를 타가지고 수색을 다녔으니까 인당 얼마를 했을 것 아닙니까? 그러니까 그런대로 아무튼 흡족하지는 않지만 그래도 되지 않았을까 싶어요.

면담자　　　　선주로서의 보상에 대해서는 뒤에 여쭙고요. 선주가 아닌 분들은 돌미역을 채취하시는데, 14년에는 돌미역을 땄습니까?

(조광원 : 안 땄죠) 그러면 그 돌미역 따시는 분들에 대한 보상은 어떻게 책정이 됐어요?

조광원   그래서 저희들이 그때 당시 사고가 나니까 어찌할 줄을 모르지. '이것을 어떻게 대처를 해야 되는가' 하고 '우선 이제 이렇게 "유류피해대책위원을 구성을 해야 된다" 해가지고 이장님 겸 어촌계장님 조이배를 위원장으로 하고, 거기에 이제 나이가 뭣해서 사무국장이라고 해서. (면담자 : 선장님을 사무국장으로?) 제가 했는데. 주위에서 다 이제 "손해사정[사]을 사서 하는 것이 주민들한테 이익이 된다" 하고 자꾸 그러니까. 우리들이 무엇을 모르니까 "그런데 능통한 손해사정을 사는 게 맞겠구나" 해가지고 전부 회의를 해서 "그분을 한번 오라고 해라" 그래서 여러 분이 여러 군데에서 왔어, 몇 군데에서 왔어. 그런데 '유로드림'이라고 거기가 제일로 책자를 팜플렛[팸플릿]도 만들어오고 해서, 신빙성 있는 것 같고 해서 거기하고 계약을 체결을 한 거 아닙니까? 그래 갖고 동계에서 1000만 원, 동막에서 1000만 원, 서거차까지 같이 하고, 맹골도까지 같이 이렇게 나중에는 냈는데. 이렇게 해서 그 사람 사서 계약을 하면서, 계약이 이렇게 보험이 받아지면 얼마 몇 프로 준다는 식으로 해서.

면담자   그럼 유로드림에 다 합쳐서 4000만 원을 주신 거예요?

조광원   동서차, 맹골까지 하면 4000만 원 되죠.

면담자   4000만 원은 말하자면 추진비로 준 거고요?

조광원   그렇죠. 거기서 이제 보상을 받았을 때는 보상의 얼마를 (면담자 : 몇 프로나?) 15프로로 했는데 "15프로가 너무 과하다" 우리가 그러니까, "그 15프로는 우리한테 받은 것이 아니라 정부한테 자기들이 받는다"고 썼더라고. 그러니까 그런 줄 알았는데 결국은 이것이 내 살 깎아먹은 거야, 쉽게 말하면. 그래서 이제 그렇게 주지도 않고 그것을 파기하다시피 돼버렸는데, 그게 나중에는. 이제 [우리가] 유로드림으로 해놓으니까 저쪽에도 손해사정을 정부 측에서도 선지급해 가지고 손해사정을 샀을 거 아니요? 사갖고 둘이 대립이 돼갖고, 이쪽에선 더 받을라고 이쪽에선 덜 갈라고. 그래 갖고 우리는 유로드림에서 시키는 대로 해갖고 개인 하시는 분들도 전부 개인별로 해갖고 이것[피해액]을 신청을 했잖아요. 해서 올렸는데 정부 측 손배[대행사] 거기서는 뭐라고 하냐면 "3년 치 계산서를 갖고 오라" 하니까. 어느 사람이 누가 사업을 해봤나? 양식을 하고 있는 우리들도 3년 치 계산서를 또박또박 모태놓고[모아놓고] 있을 사람이 누가 있겠소.

면담자　　계산서라 하면은 미역을 판매한 계산서?

조광원　　내역서, 그렇지. "미역 판매 계산서를 갖고 오라" 그러니까 그게 어디 있겠소. 물론 개중에 있는 사람도 있었죠. 그 사람들은 그 계산서로 인해서 돈을 더 책정을 많이 됐어. 그러면 "계산서가 없다"고 하니까 "그러면 금융거래 통장 내역을 첨부를 해라". 그러면 여기 섬에 사는 할머니들이 자기 자식들, 자녀들한테 미역 갖고 가서, 거기서 회사나 이런 데다 딸이나 아들들이 팔아갖고 돈 받아갖고 어머니나 아버지한테 준 돈이 현금으로 주지 자식 간에 그거 뭐

영수증 쓰고 그것을 받을 것이요? 그런 것이 허다하다고, 허다했다고. 그러니까 그런 분들은 쉽게 말하면 [보상액이] 제로로 나온 것이었지. 그러다 보니까 손해사정 이렇게 저렇게 몇 번을 해수부 다니고 회의를 하고 해갖고는, 결국은 하는 것이 최저액으로 해가지고 아마 얼마가 책정됐는가? 나도 생각하면 지긋지긋 머리 아프고 그런데. 여하튼 해서 내가 봤을 때는 거기 나오는 그 [보상] 금액하고, 아까 말했던 그게[공공근로] 한 320에다가 [생계지원금] 80만 원 받은 것까지 합치면 한 400만 원. [그래서] 이게 한 그때 당시 이걸 500 얼마 받았나, 그 보상금으로? 그랬었던 거 같아요.

면담자   지금 말씀하신 건 선장님이 그 정도 받았다는 얘기예요?

조광원   아니. 일반 사람들이, 노동자 가구들이, 그 어장이 전혀 없는 사람들이. 이쪽 자료가 좀 많은 사람들은 조금 더 받고 했는데도 그것을 전부 한 공동으로 해가지고 아마 분배를 했을 거예요.

면담자   제가 여쭙고 싶었던 것을 다시 확인하고 싶은데, 일반 노동을 하시는 분들이 대체로 돌미역 채취를 한단 말이에요. (조광원: 예) 그러니까 지금 얘기한 거는 돌미역 채취에 대한 배상일 수 있어요. 그다음에 이 분들이 예를 들어서 선장님 배를 타고 미역 채취하는데 또 노동을 하시잖아요? 그것도 전혀 못 하게 됐으니까 그거에 대한 보상을 이 노동자분들이 받으셔야 되거든요. 그것은 보상이 안 됐네요?

조광원   그렇죠. 그래서 유로[드림]에서는 "그것까지도 전부를 보상을 해라" 해갖고 서류를 해서 올렸는데, 저쪽서는 전부 처음부터 그 서류를 기각을 시켜버렸거든. 그러니까 사람들은 다 서거차 가서 뭐 인감 떼고 뭐 떼고 했었는데 그것을 기각시켜 버린 거예요. 기각시켰잖아요. 그라믄 결국은 나중에 보니까 우리들한테 제경비라는 것이 인건비 그런 명목으로 해서 [보상금에서] 까버렸으니까, 이 사람들한테는 주지도 않으면서 인건비를 까버렸다 이 말이야. 그러니까 이제 선주들은 "우리들도 제경비가 무엇이 그렇게 너무 과하게, 인건비도 이 사람들한테 주지도 않았는데 까버렸다" 그런 이야기였는데. 하여튼 제가 봤을 때는 그렇게 흡족하지는 않았어도 그놈, 저놈 했을 때 일반 주민들도 그런 것을 한 400만 원에다가 요놈들[양식 미역 보상금] 해서 돈 1000만 원 저거 했었으니까.

면담자   그런데 지금 말씀하시는 돈은 진도군청 등을 통해서 지급된 것 아니에요?

조광원   그러니 진도군청도 저 위에서 나온 돈이었겠지, 진도군에서.

면담자   그러면 보험사의 돈하고는 상관이 없는 거 아니에요?

조광원   그렇죠, 그렇죠.

면담자   그러니까 노동을 하시는 분들은 돌미역을 채취하는 것에 대해서는 사실 돈을 못 받으신 게 아니냐는 얘기였어요. 그러니까 정부에서 나온 돈은 최초의 생활지원금, 배 타고 수색한 것, 그리고 공공근로로 준 돈이거든요. 여기에다가 11월에 380만 원 정도를 더 줬다면서요?

조광원　　　　아니, 보상금.

면담자　　　　아, 그게 보상금이고. 보상금은 누가 줬어요?

조광원　　　　공공근로로 인해서 한 달에 72만 원씩 주 5일 해갖고 그것을 해서 한 것이 11월까지 한 것이 한 300몇십만 원. 그리고 최초 생계비라고 83만 5000원인가 그거 하니까 400만 원쯤 되잖아요. 그리고 이제 보상, 미역이 자연산으로 해서 그것이 서류가 [인정된 게] 아까 1000만 원.

면담자　　　　그건 보험사에서 나온 돈이에요?

조광원　　　　그렇지. 보험사에서 나온 돈이 한 400몇십만 원 됐나, 호당? 하여튼 정확한 것은 봐야 되는데.

면담자　　　　대충 알겠습니다. 그러니까 돌미역 채취와 관련된 손해배상금 4, 500만 원을 사람들이 받은 거고….

조광원　　　　그다음에 이놈, 저놈을 [더]하다 보면은 결국은 그래도 1년 미역 했던 그런 것 하고 그렇게 좀 차이는 있지만 그렇게 크게 손해 난 것은 [없다는 거지].

면담자　　　　그러면 이제 남은 것은, 양식 미역 채취 노동에 대한 보상을 받아야 하는데, 그건 못 받았다는 얘기네요.

조광원　　　　예. 그건 전혀 못 받는데 이 사람들은 우리들한테는 그런 경비까지도 제경비라고 해서 67프로를 빼버렸다 이 말이에요.

면담자　　　　선장님은 총매출액이 1억 2000만 원 정도 되셨던 걸로 아는데, 그럼 67프로 빼고 얼마 정도 받으셨어요?

조광원   그런데 저희들이 또 수색을 했잖아요, 11월 전까지. 수색비가 1500[만 원]인가 받았어요. 왜 그러냐면 그것도 이제 기관이[출력이] 좀 높은 배는 좀 더 책정이 되고 기름값이 더 책정되고 해서. 저희 배 같은 경우는 또 제가 책임자다 보니까 암만해도 제 배가 피치 못하게 하루에 11척씩 다니는데 내 배가 같이 갈 때가 있었어. 그러다 보니까 좀 더 해서 내가 1600[만 원]인가를 받았다고.

면담자   그거는 보험사하고 상관없이 정부에서 준 돈이에요?

조광원   예. 그러니까 그놈을 했는데. 그걸 우리가 3월부터 6월까지는 [미역] 양식, 그리고 7월부터 12월까지는 멸치 아닙니까? 그런데 멸치 어장을 못 하잖아요. 못 했잖아요. 그런데 그때 수색을 했잖아요. 그런데 수색비 그놈을, 정부에서 준 그놈을 어선업 보험회사에서 우리 청구한 금액에서 다 까버렸더라니까? 공제를 하고 내줬어.

면담자   보험회사가?

조광원   엉. 그래 가지고 저 같은 경우는 어선업[보험]에서는 1억몇천 했는데 자료 불충분 뭣 해갖고는 제로야. 아무것도 없어. 줄 돈이 없다 이 말이야. 수색비로 그때 받아먹었으니까. 할 말 없지. 어찌 됐든 우리가 멸치잡이를 못 했어도 대신 수색을 댕기면서 벌어서 먹었던 것을 우리도 인정을 한다 이 말이야. 했는데 그놈을 제로로, 이제 "수색비 그놈을 깐다"고 하는데 뭔 할 말 있것어요? 그래서 하고.

면담자　　　그럼 미역은요?

조광원　　　미역은 3년 치 계산서를 하라는데[내라는데] 그것이 이제 나름대로 천상 "상회에 가서 해주라"고 했을 것 아닙니까, 우리 거래상에서. 그러니까 거래상에서 그 원장이 있는 사람이 없잖아요. 없으니까 그것을 다시 한 장에다 "몇 년도에 미역 몇 뭇 가격 얼마 해갖고 총액 얼마 지급했다" 이렇게 계산서를 해서 하니까 "이것은 신빙성이 없다. 아니다" 그러면서 또 "그것이 없으면 그것 또는 금융 거래 내역서를 내라."

면담자　　　앞에 말씀하신 게 "간이영수증처럼 (조광원 : 그렇지) 쓴 것은 인정할 수 없다"는 얘기란 말이네요. '세금계산서 이상의 수준이 되어야 인정할 수 있다'는 얘기고, 걔가 없으니까 "금융거래 증명을 가져와라" 그랬는데 그것도 불가능했다는 거니까.

조광원　　　또는 가계부.

면담자　　　가계부?

조광원　　　"3년 전에 썼던 가계부를 제시하라". 보험회사에서 한 거야. 그래서 이것저것 해서 올리면 뭔 서류가 부족하니까 이것 해 보내라 뭣 해갖고. 결국은 그 사람들이 어디 상회까지 가갖고 상회 사람들이 각서까지 써서 "이 사실에 대해서는 거짓일 때는 어떠한 벌도 받고 처벌도 받겠다"고 이런 인감까지 첨부해서 각서를 써줬어. 첫 번에는 "그것을 하라"고 지시를 해서 초안까지 잡아서 각서 내용까지 보낸 사람들이 해보내니까, 또 회의를 하더니 그것은 또 "안 된다" 그래 가지고 저 같은 경우는 어쩔 수 없이 "안 된다" 해갖고 몇 번 삐대다가. 나뿐만 아니라 전부 해갖고 금융거래 그것을 하니까 꼭 내 통장으로만 들어오겠소, 집사람 통장으로 많이 돈이 들어오지? 그것은 가족관계 뭣[증명서]을 떼면 되니까.

그래 갖고 이제 2014년부터 한 것이 그래도 저는 많이 하니까 뭐 1억 훨씬 넘게 증명이 된 거야. 그놈을 전부 3년 치로 할당을 해도 꽤 되더라고. 그래 갖고 한 7000몇백인가 9000몇백인가, 하여튼 7000몇백인가 책정이 됐어. 그래 갖고 '아이고, 그놈이라도 받으면 쓰것다' 했더니. 웬걸? 이래 해서 올리려고 하니까 제반 경비라는 것을 해갖고 67프로를 공제하니께 2000 얼마이든가 그것이 이제 책정이 된 거야(한숨). 그래서 나중에 회의하면서 서로가 언성도 높이고 그것을 했었는데. 그나마 이런 서류, 계산서나 증빙서 없는 사람은 멸치, 미역에서 0원으로 나온 거야, 0원. 아무것도 없다 이 말이야. 그러면 이제 0원이 된 사람은 환장하지. 그러니 가만 뭣 하겠소.

면담자   지금 선장님 말씀으로 큰 틀의 정리는 된 것 같습니다. 그런데 15년, 16년에도 작황이 좋았을 리는 없을 것 같고, 이제 17년이 돼서 다시 기름이 유출돼서 '올해는 도대체 어떻게 먹고살 것이냐?' 이런 문제에 또 봉착을 하잖습니까? (조광원 : 그러죠) 세월호 배가 침몰되고 인양되는 과정까지 동거차도가 계속 피해를 보면 세월호 참사 자체가 너무 미울 것 같은데, 어떠세요?

조광원   그래도 저희들은 세월호가 첫째 인양이 이렇게 빨리 될 줄은 생각도 못 하고, 여하튼 "인양되면 기름유출은 있을 거다"라는 것은 염려는 했죠. 근데 이렇게 빨리, 우리는 "4월 말이나 이렇게 되지 않을까, 5월이면 그렇게 되지 않을까?" 했는데 갑자기 이렇게 돼서 "성공했다"고, "물위에 떴다"고 했으니까. 우리가 세월호 본체를 육안으로 조금이라도 보고 테레비로 보고 그러니까 참 기쁨 아닌 환희를 '야, 이제 실종자 아홉도 부모 가족 품으로 이제 안기겠구나' 그런 기쁨을 가졌죠.

그랬는데 어제 갑자기 이렇게 기름이, 그것도 이제 여기서 방제 그런 것도 대비해서 하루에 두 배씩 방제[하려고] 책정해 놓고 있었는데, 어제 갑자기 이렇게 "기름이 양식장으로 몰려든다"고. 그것도 몰랐는데 목포에 있는 그 형님 한 분이 전화가 아침에 와가지고 "야, 항공사진 찍어서 이렇게 테레비 보니까 기름이 양식장에 많이 있는데 너 거는 어떻게 하고 있느냐?"고 해서 "그렇지 않아도 아침밥 일찍 먹고 저 방제 보러 갈라고 하고 있습니다". 그런 차에 KBC 광주방송 기자가 전화를 해갖고 "에이 삼촌요, 난리 났소. 양식장까지 기름이 다" 이제 현장에서 바로 보고했으니까 "다 이렇게 몰려들어 버렸소". 그래서 이제 '아이고, 이거 큰일났구나' 하고 아침밥도 안 먹고 전부 배를 타고, 전부 기자들 싣고 가보니까 그 양식장 안에까지 와버린 거라. 어떻게 이제 손 쓸 뭣이 없지.

그래 가지고 그저께였지, 또 관계자들 전화해서 부르고 해가지고 와갖고. 또 뭐 [정부 관계자가] "3시에 온다. 기다려라. 몇 시에 온다" 해갖고, 결국 뭐 중국 [상하이샐비지] 그 사람이 와갖고 이제 면장님도 오시고 수협장님도 오서갖고 해가지고. 이제 해수부가 그 관계

직원이 아니고 하니까, 그다음 날 해수부 직원이랑 군수님까지 같이 와가지고 협의한 것이, 이제 우리들은 어차피 그때 14년도 당시는 사람이 죽고 학생들이 그랬잖아요. 우리들은 그때 당시에는 '1년 농사를 안 해도 이제 [설마] 못 살겠니' 그랬는데, 이런 보상 관계가 이렇게 보험사하고 해가지고 참 아까도 말했듯이, 그 얼마 20몇 프로 정도 보상을 받은 사람이 있는가 하면, 자식들 때문에 어쩔 수 없이 자식들 학교는 보내야 되겠고 그래서 받은 사람이 있는가 하면, 그것이 부당하다 해갖고 지금 소송 가갖고 있는[소송한 사람도 있는] 상태잖아요. "우리가 한 번 당했으니까 더는 이렇게는 못 하겠다" 또다시 이것을 보험회사에서 "이것저것 서류 내라"고 그러니까 [주민들이] "우리는 못 하겠다" 그래서 이제 군수님이 좋은 이야기를 해갖고 해수부에다 "선조치를 해주라"고 해갖고 어제 막판에 아마 해수부장관한테 과장이 브리핑이 들어간 걸로 알고 있고.

그래서 아마 내일 8시 반에 영국 보험회사에서, 저기도[상하이셀비지도] 보험 들었을 것 아닙니까? 보험 없이 저게 되겠습니까? 보험 들어갖고 영국 보험사에서 지금 한국에 손해사정을 선정을 한 것이 부산에 있는 '협성'이라는 것이 되어 있는데, 그것이 또 아이러니하게도 [지난번 기름유출에서] 정부 측 손해사정으로 돼가지고, 쉽게 말하면 우리하고 싸움 아닌 싸움을 한 그런 손해사정이라. 그래서 이제 과연 그 사람이 내일 와갖고 뭔 소리를 하는가 [지켜봐야 되고].

내가 지금 하고 있으면 또 하나 물어볼 것이 "당신들이 제경비를 어떤 명목으로 이렇게 67프로라는 제경비를 뗀 것은 어떤 명목이었는가?"를 한번 여쭙고 싶고, 이것만큼은. "또 서류를 하면 우리가 못 할 테니. 당신들이 정 우리를 못 믿는다고 그러면 당신들하고 같이 일일이 [미역 양식장의] 대 수를 한번 바다 현장 가갖고 대 수를 세고. 개개인별 몇 줄을 하는가를 세보자". 거기 지금 미역이 자라 있는 것이 작황이 15년, 16년은 묘하게 그렇게 안 되부러고. 그러니 "올해는 예년 수준으로 다 돌아와서 잘됐으니까 당신들 눈으로 한번 보고. 이것을 성장과정을 보고 해서 이걸 우리가 다 채취를 할 테니까, 채취를 할 테니까. 가격은 2015년 가격까지는 우리는 안 원한다. 이젠 작년 가격이 12만 원씩 나갔으니까 상회 그런데 시중 가서 물어보면 이건 우리가 거짓인가 알 것이니까. 우리가 미역을 현물로 만들어놓을 테니까 그놈을 보고 가격을 정해서 당신들은 이 미역을 갖다 어떻게 하든 말든 우리는 그 가격으로 보상을 해달라" 그렇게 요청을 할 생각입니다.

면담자 그게 지금 이장님이나 어촌계장님이나 같은 생각이세요?

조광원 예. 그것도 이제 [수확량이] 한 줄에 30뭇 그것도 최저로. 이제 최고는 40뭇. 잘 자란 데는 더하고 한데, 우리가 종전에는 이것을[기준을] 최고로, 우리가 뭐든가 하면 그렇지 않습니까. 최고가를 기준해서 했는데 이번에는 우리도 "어차피 손해를 감수를 하고 최저로 해서 [기준을] 30뭇을 하자" 해갖고. 30뭇으로 해서 그것을 하지 않을까 [싶어요].

면담자 지금 양식장을 운영할 때 몇 줄을 할 것인지나, 경작 면적에 대해서 군청에서 허가를 냅니까?

조광원   아니요, 면허지에 몇 헥타 수가 있죠.

면담자   면허지에 헥타르 수만 나와 있고. 그러면 현재 면허는 공동어장 전체가 하나의 면허로 나와 있어요? 아니면 소유주별로 나와 있어요?

조광원   소유주별로 군데군데 이렇게 허가번호가 있어 가지고, 한 번에 그 허가를 다 낸 것이 아니고 작년에 낸 것도 있고 10년 전에 낸 것도 있고. 10년 전에는 어디만 하니까 거기만 냈을 것 아닙니까. 이 구역만 했으면 올해는 더 많이 하다 보니까 이 구역도 내고 하다 보면 그런 번호가 있어요.

면담자   허가 면적하고 실제 양식 면적이 일치해요?

조광원   허가 면적보다는 양식하는 면적이 훨씬 양식 대 수가 적지.

면담자   아, 거꾸로 더 적습니까? 왜 적어요? 줄 맬 여력이 안 되는 건가?

조광원   어장 정리라는 것이 있는데, 정리를 딱 해서 기본적으로 이렇게 해야 되는데. 초기 단계에는 누가 그렇게 미역을 많이 안 하니까 아무 데나 이렇게 해서 이제 저리로 뻗대가지고 하면은 상관없이 넓게, 쉽게 말하면 넓게 공간을 활용을 했는데, 지금에 와서는 여러 사람이 하다 보니까 쉽게, 면허지에는 이만큼이라면, 좀 이렇게 나가서 시설된 놈도 면허지 밖에 이렇게 좀만 이렇게 걸린 것도 있고, 면허지 밖에 있는 것도 아마 한 10여 줄 넘게는 될 거야, 20여

줄 될 거야. (면담자 : 마을 전체로 봤을 때?) 예. 1, 2구 마을 전체에서 그렇게 될 거예요. 자기들이 이제 그런 것도 고집을 하더라고. 그래도 "어찌 됐던 아무리 불법이어도 시설물에 대해서는 나중에 불법했다 해갖고, 쉽게 말하면 벌금을 무는 것이고, 현재 하는 것은 인정을 해줘야 되는 것이 당연하다"고.

면담자 전체 줄 수로 봐서는 20줄은 그렇게 많은 편은 아니죠?

조광원 예, 많은 편은 아니죠.

면담자 그럼 선장님 말씀하시는 대로, 또 지금 이 마을에서 주장하는 대로 했을 경우에 어장 소유주에게 제경비를 뺀 나머지 순이익에 해당하는 보상이 나가는 거잖아요. 제 경비 퍼센티지를 어떻게 할 것인가는 논의를 하실 거고. (조광원 : 예) 어쨌든 결론이 나면 보상금이 나갈 거라는 거죠. 그럼 거기에는 제경비를 뺐으니까 노동자에게 갈 임금은 별도로 보상을 해줘야 되거든요. 그 부분이 좀 숙제로 남네요.

조광원 그러니까 이제 숙제인데, 제경비가 어느 정도로 될 것인가….

면담자 다시 정리하면, 제경비가 50퍼센트라면 거기에 인건비가 50퍼센트의 거의 대부분일 거거든요, 나머지 기름값하고는 얼마 안 되는 돈이니까. 그러면 그 50퍼센트는 보험사가 노동자들에게 직접 지급을 해줘야 되거든요. 그래야 이치가 맞잖아요.

조광원 그래서 그것까지도 내일 이야기를 하려고 해요. 또 이

동거차도 주민 조광원

제 뭐 받으면서 이 계약된 사람들한테 일은 못 해도 [수당을] 줘야 되지 않습니까? 지금 와서 기다리고 있으니까, 기다리는 사람. 그렇지 않습니까? 우리가 월급쟁이라고 가정을 했을 때 일을 안 하더라도 일단 내 집에 왔을 때는 날짜가 지난 것, 그 사람들한테는 시간이 간 것 아닙니까, 날짜가. 그래서 제경비가 어떻게 과연 책정이 되냐에 따라서, 여하튼 그쪽에서 제경비가 뭐 뭐 들어간다고 할 것 아닙니까. 그러면 인건비, 기름값 이런 것이 들어가고. 인건비가 빠질 때는 보상금에서 우리들이 줘야, 보상금이 그러면 더 많아질 것 아닙니까? '인건비가 안 들어가면. 그러면 우리가 당연히 거기서 인건비를 지급을 해야 되는 것이고. 거기에 기름값, 인건비가 책정이 됐을 때는 우리가 그쪽에다 인건비를 주도록 해야 되는 그것이 맞다'고 생각해요.

7
동거차도 주민으로서의 바람

면담자   지금 현 상황에 대해서는 아주 소상하게 잘 말씀을 해주셨고요. 지금의 시점에서 보실 때 세월호 유가족들이 너무 안됐지만 자꾸 이런 경제적 손실, 어려움 이런 것에 봉착하시다 보니까 좀 아쉬움이랄까 이런 건 혹시 없으세요?

조광원   유가족들한테요? 그런 것은 추호도 없죠. 없는데 이제, 이게 다 목포 신항으로 지금 가잖아요? 이제 유가족들이 "저것은 그냥 보상이 끝나도록까지 놔둔다"는 소리도 있고 그래서, 제가 지금 여기 유가족 사람들 만나서 "그동안 고생했다"는 이야기하면서, 어차피 세월호 하면은 동거차는 뗄 수야 뗄 수 없는 그런 인과관계니까. 분명히 '우리들보다는 저 유가족들 입김이 더 있을 거'라고 나는 생각이 더 들어요, 우리들도 있겠지만은. 그러면 저 세월호를 인양했던 그 자리에다가 영원히 튼튼하게, 누가 봐도 '아, 저기가 세월호 침몰된 장소다' 하는 크나큰 부표라도 하나 띄워놓고. 이제 "진도군 팽목에 세월호 전시관 이런 것이 세워진다"고 그러니까, 제일 가까운 동거차 여기다가 위령탑이라도 세워서 시간이 지나더라도 유가족들이나 이런 사람들이 동거차 와서 위령탑이라도 가갖고 한 번이라도 바다를 보면서 저기가 세월호 [침몰]했던 데라는 것을 알 수 있게 그런 것이라도 세워줄 수 있도록 힘써달라는 그런 바램이에요. 그것은 우리가 생각했을 때는 크게 어렵지 않은 뭣이라고 생각되는데. 또 어떻게 그것이 될랑가 그런 것도 모르겠고, 모르겠습니다. 그런 그 바램뿐이요.

면담자   긴 시간 많은 말씀해 주셨는데요, 꼭 하시고 싶은 말씀 있으면 마지막으로 부탁드리겠습니다.

조광원   이게 참, 이 세월호로 인해서 여기 동거차를 찾아온 온, 어찌 됐든 왔는 분들이 처음 이 14년에 세월호 됐을 때는 너무나 육지의 그런 생각을 가지고 카드 한 장이면 여기서 이제 잠도 마음대로, 자고 먹을 것도 마음대로 먹을 수 있는 걸로 그렇게 생각하고 여기를 허겁지겁 와서 보니 잠잘 데도 불편하고 먹는 것도 어려움이 많았어요. 그래 갖고 이제 뭍에서 오신 분들이 그냥은 자고는 안 갔을 것 아닙니까? 그래서 방 이런 것을 숙식 이런 것을 해줘서, 당초에는 전부 마을에서 "얼마 이상은 받지 말자"고, 이게 이런 일이 처음이라. 또 돈을 받고 잠을 자고 이런 것이 불편한 점이 너무나 많았을 거예요. 그리고 이번에도 이제 와가지고 숙식하는 것 그런 게 어려움이 많았는데, 행여나 그 사람들이 그런 불편함이 있었다고 그러면, 섬이라는 것을 감안해서 좀 너그럽게 [생각해서] 동거차를 "아이, 그 동네 참 두 번 다시 가지 않는, 가서는 안 되는 마을이더라" 그런 소리를 안 하고, "참, 그래도 동거차 괜찮은 동네. 한 번쯤은 여행 삼아 가볼 수 있는 동네구나" 하는 그런 소문이 퍼질 수 있도록 해주셨으면 고맙겠는데. 과연 그것이 그분들이 여기를 왔다 갔다 하면서, 대부분 언론인들이 왔다 갔다 했는데 그분들이 어떻게 생각을 하고 있을지 그게 참 궁금합니다. 그렇게 좋은 쪽으로 해주셨으면 고맙다고 그런 생각입니다.

면담자   예, 긴 시간 감사합니다.

4·16구술증언록 동거차도 주민 제2권

그날을 말하다 동거차도 주민 II

ⓒ 4·16기억저장소, 2020

기획 편집 4·16기억저장소 ᅵ **지원 협조** (사)4·16세월호참사가족협의회
펴낸이 김종수 ᅵ **펴낸곳** 한울엠플러스(주)
초판 1쇄 인쇄 2020년 4월 1일 ᅵ **초판 1쇄 발행** 2020년 4월 16일
주소 10881 경기도 파주시 광인사길 153 한울시소빌딩 3층
전화 031-955-0655 ᅵ **팩스** 031-955-0656 ᅵ **홈페이지** www.hanulmplus.kr
등록번호 제406-2015-000143호

Printed in Korea.
ISBN 978-89-460-6799-8 04300
       978-89-460-6801-8 (세트)
* 책값은 겉표지에 표시되어 있습니다.